BERND KREIS

ESSEN &
WEIN

Über 400 perfekte Kombinationen

Hallwag

Inhaltsverzeichnis

Zum Gebrauch	3
Wege zum Tafelglück	4
Erfolgreich kombinieren	6
Das passt immer	10
Problemfälle	11
Welcher Wein zum Kochen?	12
Der Menüaufbau	13
Die Weinfolge	13
Wein richtig servieren	13
Vorspeisen und Wein	16
Salate und Wein	34
Suppen und Wein	42
Fisch und Wein	50
Geflügel und Wein	70
Fleisch und Wein	84
Vegetarische Küche und Wein	110
Käse und Wein	124
Dessert und Wein	132
Register nach Weinen	146
Register nach Gerichten	156
Impressum	160

EXTRA

Aperitif	26
Weine für Party und Gartenfest	60
Syrah zum Kebab	78
Sauce und Wein	96
Schokolade und Wein	140

Zum Gebrauch

Dieser Hallwag Kompass, geschrieben aus der Sicht meiner langjährigen Berufserfahrung als Sommelier, soll Ihnen als Wegweiser für die sichere Kombination von Wein und Essen dienen. Es werden darin nicht nur Empfehlungen abgegeben, sondern auch deren Hintergründe erläutert, was Ihnen unzählige Möglichkeiten für eigene Kombinationen eröffnet.
Nach einer kurzen Einführung über den Umgang mit Wein sind ab Seite 16 zahlreiche Gerichte mit passenden Weinempfehlungen beschrieben. Jedes Gericht steht hier als Beispiel für eine ganze Gruppe von Speisen, die mit ähnlichen Weinen kombiniert werden können. Der am besten passende Wein wird jeweils als erster aufgeführt, danach folgen Alternativen oder mögliche Varianten bei abweichender Zubereitungsart. Die Farbe der Weinflasche beim Hauptwein (🍾) bzw. der Schrift bei den alternativen Weinen zeigt an, ob es sich um Rotwein, Rosé oder Weißwein handelt. Bei jedem Wein finden Sie eine Empfehlung für die beste Trinkreife (🍷) und die optimale Trinktemperatur (🌡). Beide Informationen sind im Zusammenhang mit dem beschriebenen Gericht zu betrachten. Die ebenfalls aufgeführte Preisspanne (€) entspricht dem Preisniveau passender Qualitäten im Weinhandel. Weicht der tatsächliche Preis bedeutend ab – vor allem nach unten –, ist Vorsicht angebracht, denn nichts ist so teuer wie schlechter Wein!

Preisklassen:
1   5–10 €   3   15–20 €   5   über 25 €
2   10–15 €   4   20–25 €

Dass dieser Kompass Sie, liebe Leserin und lieber Leser, zu kulinarischen Freuden führen möge, wünscht Ihnen

Ihr

WEGE ZUM TAFELGLÜCK

Was gibt es Schöneres,

als seine Gäste mit einem liebevoll

zubereiteten Essen zu verwöhnen?

Fließen dann zu den einzelnen Speisen

auch noch die passenden Weine ins Glas,

steht dem Tafelgenuss nichts mehr im Weg.

Seien Sie sicher: Mit den in diesem

Buch empfohlenen Kombinationen

liegen Sie als Gastgeber

immer richtig.

Warum schmeckt ein Wein, den man zum Essen genießt, meist ganz anders, als wenn er solo getrunken wird? Weil Wein und Essen sich gegenseitig geschmacklich beeinflussen. Genauso kann die richtige Weinbegleitung den Wohlgeschmack einer Speise verstärken. Nachfolgend sind die Wechselwirkungen zwischen den unterschiedlichen Geschmacksrichtungen aufgeführt.

VERSTÄRKEN SICH GEGENSEITIG	SCHWÄCHEN SICH GEGENSEITIG
süß – süß	süß – salzig
salzig – salzig	süß – sauer
salzig – sauer	süß – bitter
sauer – sauer	salzig – bitter
sauer – bitter	
bitter – bitter	

Erfolgreich kombinieren

HARMONIE DER HERKUNFT

Die Weine einer Landschaft passen meist zu den traditionellen regionalen Produkten und den daraus zubereiteten Gerichten. Dies gilt für beinahe alle regionaltypischen Speisen, insbesondere aber für Käse. Gute Beispiele sind etwa die überaus intensiven Käsesorten Epoisses und Ami du Chambertin, die erstaunlich gut mit feinen Burgundern harmonieren, oder der Trollinger, der mit schwäbischen Maultaschen eine perfekte Allianz eingeht.

HARMONIE DER AROMEN

ÜBEREINSTIMMENDE AROMEN Hier werden Speisen und Weine, die identische Aromen besitzen, geschmacklich in Gleichklang gebracht. So passen etwa Gerichte mit Paprika gut zu Weinen aus der Cabernet-Sauvignon-Traube, die oft Paprikaaromen besitzen. Buttersaucen harmonieren mit Weißweinen, die nach einer Milch-

säuregärung buttrige Aromen aufweisen. Dazu zählen fast alle im Barriquefass ausgebauten Weißweine.
GEGENSÄTZLICHE AROMEN Bei dieser Methode werden konträre Aromen von Wein und Speise effektvoll verknüpft, was besonders viel Fingerspitzengefühl und noch mehr Weinwissen erfordert. Ein klassisches Beispiel sind herbstlich-würzige Wildgerichte, die von fruchtigen Spätburgundern begleitet werden. Ähnlich gut funktioniert die Verbindung zwischen Süßwasserfischen mit ihren erdigen Noten und fruchtigen Weißweinen wie Riesling oder Sauvignon blanc.

HARMONIE DER GESCHMACKSEIGENSCHAFTEN

Mit etwas Übung führt dieser Weg rasch und sicher zum Erfolg, ja sogar zur Perfektion, wenn er mit den anderen beiden Methoden kombiniert wird. Zunächst muss man sich über die Haupteigenschaften des Essens und der Weine klar werden, etwa hinsichtlich ihres Gehalts an Säure, Süße, Alkohol und Tanninen. Es geht aber auch um Fettanteile, Schärfegrade und Garmethoden.
DIE GARMETHODEN Oft ist bei der Weinauswahl die Garmethode entscheidender als das Produkt selbst. Stark vereinfacht könnte man alle Garmethoden in zwei Gruppen aufteilen, nämlich in Verfahren, bei denen eine sogenannte Bratenkruste entsteht, und in solche ohne Krustenbildung. Die Bratenkruste entsteht unabhängig vom Produkt beim Braten, Backen, Frittieren, Rösten, Schmoren und Grillen und passt aromatisch und geschmacklich hervorragend zu Rotwein. Je ausgeprägter die Kruste ist, desto kräftiger und tanninreicher sollte der Rotwein sein.
Beim Marinieren, Pochieren, Kochen und Dünsten bildet sich keine Bratenkruste. Deshalb passen zu solchen Zubereitungen überwiegend Weißweine. So harmoniert etwa Tafelspitz, obwohl es sich dabei um dunkles Fleisch handelt, hervorragend mit Grünem Veltliner. Andererseits kann Rotwein die richtige Wahl zum Fisch sein, beispielsweise zu gegrilltem Schwertfisch.

WEGE ZUM TAFELGLÜCK

DAS FETT Fett ist wichtig als Geschmacksträger und für die Struktur einer Speise. Je höher der Fettgehalt ist, desto mehr Alkohol braucht der begleitende Wein. Bei der Säure verhält es sich umgekehrt: Fettreiche Speisen bedingen säurearme Weine. Meist enthalten alkoholreiche Weine ohnehin wenig Säure. Zu Gänseleber, einem Produkt mit extrem hohem Fettgehalt, passt Sauternes, ein edelsüßer Wein aus Bordeaux, oder ein trockener Grauburgunder. Beide Weine zeichnen sich durch viel Alkohol und wenig Säure aus. Die oft empfohlene Kombination von Gänseleber und Eiswein funktioniert hingegen nicht sehr gut, denn Eiswein hat für die Gänseleber meistens viel zu viel Säure und mit etwa acht Volumenprozent zu wenig Alkohol.

DIE TANNINE Bei der Kombination von Wein und Essen geht es auch um die Bekömmlichkeit. Eine wichtige Rolle spielen dabei die Tannine, die aus den Häuten, Kernen und Stielen der Trauben stammen. Sie sind hauptsächlich in Rotweinen zu finden und u.a. wichtig für deren Alterungsfähigkeit. Weißweine enthalten in der Regel fast kein Tannin. Manche Tannine schmecken besonders hart, andere ganz samtig oder sogar seidenweich. Tannin spaltet das Muzin, ein für die Gleitfähigkeit des Speichels verantwortliches Eiweiß, und erzeugt dadurch ein raues Mundgefühl. Isst man aber zum Rotwein ein Stück Fleisch, verschwindet dieser unangenehme Effekt sofort, weil das Tannin zuerst die Fleischproteine spaltet, bevor es mit dem Muzin reagieren kann. Diese Form der Vorverdauung steigert den Wohlgeschmack von Wein und Speise und entlastet den Verdauungsapparat.

Anhand der nachfolgenden Tabelle können, ausgehend von den Grundeigenschaften des Weins und des Essens, ideale Kombinationen leicht gefunden werden. Neben den einzelnen Bestandteilen eines Gerichts ist immer auch dessen Gesamtausdruck wichtig. Achten Sie bei den Kombinationen auch immer auf die Wertigkeit von Wein und Essen. Edle Zutaten verlangen hochwertige Weine, zu rustikalen Speisen passen einfachere Tropfen.

ESSEN UND WEIN ERFOLGREICH KOMBINIEREN

ESSEN \ WEIN	SÄUREARM	SÄUREBETONT	TROCKEN	HALBTROCKEN	SÜSS	TANNINARM	TANNINREICH	NIEDRIGER ALKOHOLGEHALT	HOHER ALKOHOLGEHALT	WEISS	ROT
GESCHMORT											
GEGRILLT											
GEBRATEN											
GEKOCHT/GEDÜNSTET											
ROH/MARINIERT											
BINDEGEWEBSREICH											
BINDEGEWEBSARM											
BISSFEST											
WEICH											
FETTREICH											
FETTARM											
BITTER											
SCHARF/PIKANT											
VIEL SÜSSE											
WENIG SÜSSE											
SÄUREREICH											
SÄUREARM											

■ Ideale Kombination ■ Gute Kombination, in Ausnahmefällen problematisch
■ Schlechte Kombination, nur in Ausnahmefällen passend
□ Ohne wesentlichen Einfluss

BEISPIELE

FORELLE BLAU Das Gericht hat etwas Säure und wenig Süße. Der Fisch ist fettarm, weich, hat sehr wenig Bindegewebe und wurde pochiert. Ideal ist ein trockener, tanninarmer Weißwein mit wenig Alkohol. Am besten passt ein Riesling, der mit seinen fruchtigen Aromen den leicht erdigen Geschmack der Forelle belebt.

HÜHNERCURRY Das Curry ist leicht sauer, ziemlich süß, scharf und etwas bitter, das Huhn ist weich, fett- und bindegewebsarm. Dazu soll ein trockener, tanninreicher Chianti Classico mit ziemlich viel Säure und Alkohol gereicht werden. Die vielen hellvioletten Felder auf den Schnittstellen der Eigenschaften von Chianti und Curry warnen klar vor dieser Kombination.

Das passt immer

Muss einmal rasch entschieden werden, gibt es Standardkombinationen, mit denen man nie falsch liegt.

GEMÜSE	allgemein	Sauvignon blanc
	Spargel	Silvaner
FISCH	Süßwasserfische	Riesling
	Meeresfische	Chardonnay
	Meeresfrüchte	Muscadet
FLEISCH	Schwein	Spätburgunder
	Rind	Cabernet, Sauvignon, Bordeaux
	Lamm	Merlot
	Wild	Pinot noir/Spätburgunder
	Wurst und Terrinen	Beaujolais
SCHARFE ASIATISCHE GERICHTE	allgemein	Riesling halbtrocken oder lieblich
KÄSE	allgemein	Côtes du Jura, Grauburgunder, Beaujolais
	Bergkäse	Côtes du Jura
	Blauschimmelkäse	Port, Sauternes

Schwierige Partner

Einige Lebensmittel, überwiegend Gemüse, vertragen sich leider gar nicht gut mit Wein. Meist sind es ihre Säuren und Bitterstoffe, die einer glücklichen Vermählung mit den meisten Weinen im Wege stehen. Dies sind die hartnäckigsten Fälle:

ARTISCHOCKEN Ihr hoher Gehalt an Bitterstoffen lässt die meisten Weine kapitulieren. Am ehesten passen sehr kräftige, alkoholreiche und säurearme Weißweine. Grauburgunder, Chardonnay, Fiano di Avellino sowie einige Weißweine aus dem Languedoc harmonieren am besten. Rotweine kommen überhaupt nicht in Frage, weil ihre Tannine und die Bitterstoffe der Artischocken sich gegenseitig verstärken.

ESSIG Gehen Sie beim Kochen unbedingt sparsam um mit Essig! Die Essigsäure zwingt jeden guten Tropfen in die Knie. Für fast alle Salatdressings kann statt Essig Zitronensaft verwendet werden, dessen Säure sich viel besser mit Wein verträgt. Essigsaure Marinaden (Rollmops, Sauerfleisch, Mixed Pickles) sind völlig tabu. Zu ihnen passt ein frisches Bier am besten.

KOHL Alle Kohlarten enthalten schwefelhaltige Senföle, deren Bitterkeit den Weingenuss empfindlich stören kann. Spitzenreiter sind Rosenkohl und Grünkohl.

RETTICH Die Kombination aus ätherischen Ölen, Bitterstoffen und Säure verträgt sich wunderbar mit einem milden Bier. Wein hingegen kommt als Begleiter nur in Frage, wenn der Rettich zuvor blanchiert wurde. Gleiches gilt für Meerrettich, Zwiebeln, Radieschen und ihre Sprossen.

SPINAT Oxalsäure und die gut versteckten Bitterstoffe des Spinats haben schon so manchen Weingenuss vereitelt. Am besten passen extraktreiche, säurearme Weißweine wie Chardonnay, Grauburgunder, Soave Classico, Silvaner Spätlese trocken oder Südtiroler Weißburgunder.

TOMATEN Der hohe Säuregehalt der Tomaten bringt vor allem leichte Weine ins Schleudern. Sind auch noch Artischocken oder Spinat mit im Spiel, wird es noch schwieriger. Gerichte mit reichlich Tomaten wie Pasta, Pizza oder Tomatensalate harmonieren am besten mit rustikalen Rotweinen von robuster Struktur. Zu empfehlen sind Cerasuolo di Vittoria, Aglianico, Chianti, Nero d'Avola und Primitivo.

OBST In rohem Zustand demontiert fast jedes Obst das geschmackliche Gefüge des Weins. Schuld sind wieder einmal die Säuren, die allerdings weinverträglich sind, wenn das Obst gegart wird.

RHABARBER Die reichlich vorhandene Oxalsäure macht jeden Weingenuss unmöglich. Bei Rhabarber gilt also: Hände weg vom Wein.

EIS Parfaits oder reine Eisdesserts harmonieren nicht mit Wein. Ist das Eis jedoch nur ein untergeordneter Bestandteil des Desserts, ist gegen Wein nichts einzuwenden. Die Kombination mit Wein ist umso schwieriger, je kälter das Eis ist.

Welcher Wein zum Kochen?

Immer wieder wird einem empfohlen, zum Kochen den gleichen Wein zu nehmen, der später zum Essen getrunken wird. Dies ist zwar ein teurer, aber keineswegs guter Rat. Meistens wird Wein zu Beginn eines oft langen Garvorgangs verwendet. Während des Kochens oder Schmorens verflüchtigt sich aber nicht nur der Alkohol, es gehen auch alle geschmacklichen Feinheiten des Weins verloren. Ein verkochter Edeltropfen steigert den Genuss keineswegs, deshalb kann man beim Kochwein ruhigen Gewissens sparen. Natürlich sollte er von guter Qualität sein und ein ähnliches Geschmacksprofil haben wie der Tischwein, in den das gesparte Geld sinnvoll investiert werden kann.
Tipp: Geben Sie unmittelbar vor dem Servieren eine winzige Menge des Tischweins in die Sauce. Dadurch bleiben seine Qualitäten erhalten und der Geschmack des Essens wird aufgewertet.

Der Menüaufbau

Ein Menü wird dann zum Erfolg, wenn die einzelnen Gänge und begleitenden Weine in eine harmonische Abfolge gebracht werden.
- Bis zum Hauptgang gilt: kalte Speisen vor warmen. Danach geht es umgekehrt weiter.
- Bis zum Dessert gilt: salzige Speisen vor süßen. Ein Wechsel zwischen Salzig und Süß vor dem Dessert führt zu geschmacklicher Unordnung. Deshalb sollte der Käse immer vor dem Dessert gereicht werden.
- Aroma und Würze der Speisen sollten sich von Gang zu Gang steigern. Dadurch vermeidet man, dass ein nachfolgender Gang von seinem Vorgänger geschmacklich übertrumpft wird.
- Innerhalb eines Menüs sollten alle Gänge in einem nachvollziehbaren Zusammenhang stehen. Das verbindende Element kann z. B. eine Produktgruppe oder die Orientierung an einem saisonalen oder regionalen Thema sein.

Die Weinfolge

Werden einige Grundregeln beachtet, ergibt sich eine stimmige Dramaturgie der Weinfolge:
- neutrale Weine vor aromatischeren Gewächsen
- junge Weine vor gereiften Weinen
- leichte Weine vor gehaltvolleren, schweren Weinen
- trockene vor halbtrockenen und süßen Weinen
- Weißweine vor Rotweinen.

Wein richtig servieren

DEKANTIEREN

So nennt man das Trennen einer Flüssigkeit von ihren festen Bestandteilen. Beim Wein sind das Trubstoffe, die sich im Laufe der Zeit in der Flasche abgesetzt haben. Dieser Bodensatz, auch Depot genannt, besteht bei Rotweinen meistens aus Farb- und Gerbstoffen, bei Weißweinen meist aus Weinstein oder Hefe. Nach dem vorsichtigen Ziehen des Korkens gießt man den Wein vor dem Schein einer Kerze oder Taschenlampe vorsichtig in eine Karaffe. Im Gegenschein der Lichtquelle wird das Depot deutlich als schwarzer Strich sichtbar, der sich langsam in Richtung Flaschenmündung bewegt. Kurz bevor er die Mündung erreicht, wird der Vorgang abgebrochen.

KARAFFIEREN

Beim Karaffieren geht es um eine Art Schnellreifung junger Weine mittels reichlicher Sauerstoffzufuhr. Dafür eignen sich am besten bauchige Karaffen, die dem Sauerstoff ideale Reaktionsmöglichkeiten bieten. Weil junge Weine meist noch kein Depot gebildet haben, ist der Einsatz einer Lichtquelle beim Karaffieren nur selten notwendig.
Fast alle Weine können dekantiert oder karaffiert werden. Eine Ausnahme sind rote Burgunder und alle anderen Weine der Rebsorte Pinot noir bzw. Spätburgunder. Sie verlieren beim Karaffieren und Dekantieren einen großen Teil ihrer Feinheiten.

DAS RICHTIGE WEINGLAS

Heutzutage wird eine Vielzahl unterschiedlicher Weingläser angeboten. Bei einigen Herstellern gibt es für fast jeden Weintyp das passende Glas. Doch was dem einen als Perfektion gilt, kann dem anderen schon viel zu kompliziert sein und ihm am Ende sogar die Freude am Wein verderben. Dabei vermag bereits eine einfache Grundausstattung aus zwei bis drei Weinglastypen sehr hohen Ansprüchen zu genügen.
Als Universalglas für alle Weiß- und fast alle Rotweine sowie gehaltvolle Schaumweine ist ein ziemlich gro-

ßes, tulpenförmiges Glas ideal. Es wird häufig als »Bordeauxglas« oder »Rotweinkelch« angeboten. Für roten Burgunder bzw. Spätburgunder oder Pinot noir braucht man ein großes, ballonförmiges Burgunderglas, da diese Weine besonders viel Raum zur Entfaltung benötigen. Für leichtere, fruchtige Schaumweine empfiehlt sich ein nicht zu kleines Champagnerglas, in dem sich der Duft schön entfalten kann.

TRINKTEMPERATUREN

Alkohol, Säure, Gerbstoffe, Frucht und Frische eines Weins werden bei unterschiedlichen Temperaturen ganz verschieden wahrgenommen. Die Trinktemperatur hat also großen Einfluss auf Geschmack und Geruch des Weins. Die Serviertemperatur wiederum sollte mindestens 1 °C unter der Trinktemperatur liegen, weil sich der Wein beim Eingießen rasch erwärmt.

WEISSWEIN Kühl, aber nicht eiskalt servieren, damit sich das Aroma entfalten kann. Die ideale Temperatur liegt zwischen 8 und 12 °C. Säurebetonte, leichte Weißweine im kühleren, vollmundige, säurearme im wärmeren Bereich genießen. Die Trinktemperatur 8 °C entspricht in etwa dem Servieren bei üblicher Kühlschranktemperatur.

ROSÉ Meist sind 6–8 °C ideal. Der vielschichtige Duft hochwertiger Rosés (z. B. Bandol, Les Baux-de-Provence) kommt bei 10–12 °C am besten zur Geltung.

ROTWEIN Bei 15–18 °C trinken. Ab 19 °C leiden Frucht und Finesse, das Bukett zerfällt regelrecht, der Alkohol beginnt zu dominieren und die Säure wird penetrant. Gerbstoffarme Weine werden bei 15–16 °C getrunken, tanninlastige schmecken besser bei 18 °C. Fruchtige, leichte Rotweine wie Beaujolais oder Trollinger können sogar kühler als 15 °C getrunken werden.

SCHAUMWEIN wird meist sehr kalt getrunken, idealerweise zwischen 6 und 8 °C. Gehaltvolle Champagner, Spumante oder Winzersekte entfalten sich bei Temperaturen bis 12 °C optimal.

VORSPEISEN UND WEIN

Seitdem das Essen immer mehr Ereignischarakter angenommen hat, genießt die Vorspeise einen höheren Stellenwert denn je. Mut zu fantasievollen Kreationen und die Einflüsse exotischer Küchen spielen eine größere Rolle als bei den Hauptspeisen. Die Weine zur Vorspeise sollten nach Möglichkeit trocken und leicht sein, damit bei den nachfolgenden Gängen geschmackliche Steigerungen möglich sind.

Eingelegtes Gemüse, Escalivada

Nach dem Grillen, Braten oder Backen werden die Gemüse in Olivenöl eingelegt und meist mit Knoblauch und Salz gewürzt. Manchmal ist auch noch ein Spritzer Zitronensaft dabei. Eingelegtes Gemüse besitzt Süße und durch das Grillen oder Braten verstärkte Bitterstoffe. Daher kommen nur Weine mit moderater Säure in Betracht. Aufgrund des sehr sommerlichen Charakters dieser Gerichte sollte man immer einen entsprechend frischen Wein wählen.

Sauvignon blanc
Friaul (Italien)

€ 2–3   1–3 Jahre    8–10 °C

 Die Sauvignons aus Friaul von überwiegend lehmigen Böden sind meist kräftig. Dank ihrer milden Säuren und der sortentypischen Frische passen sie ideal zu Gemüsegerichten.

Rueda, *Kastilien-León (Spanien)*

€ 1–2   1–3 Jahre   7–9 °C

Weißburgunder trocken, *Baden (Deutschland)*

€ 1–2   1–5 Jahre   9–11 °C

Sauvignon blanc trocken, *Rheinhessen (Deutschland)*

€ 1–2   1–3 Jahre   8–10 °C

Geschmorter Chicorée

Die anregende Bitterkeit des Chicorées ist eine Herausforderung für den Wein. Oft wird Chicorée mit karamellisiertem Zucker zubereitet, der dem Gericht Körper verleiht und die Bitterkeit etwas mildert. Eine beliebte Alternative ist Chicoréegratin mit oder ohne Schinken. Hier verringert der Käse die Bitterkeit. An säurearmen Weißweinen kommt man beim Chicorée nicht vorbei, denn Rotweintannine verstärken die Bitterkeit unangenehm.

Grauburgunder trocken
Pfalz (Deutschland)

€ 1–3   1–5 Jahre   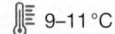 9–11 °C

 Ein kraftvoller Grauburgunder (kein Barriqueausbau!) bringt Schmelz und oft zart salzige Noten mit – ideale Puffer für Bitterkeit. Zu Chicoréegratin passen Silvaner und Müller-Thurgau.

Silvaner trocken, *Rheinhessen (Deutschland)*
€ 1   1–3 Jahre   8–10 °C

Müller-Thurgau trocken, *Baden (Deutschland)*
€ 1   1–3 Jahre   8–10 °C

Pinot bianco, *Südtirol (Italien)*
€ 1–2   1–3 Jahre   8–10 °C

Tipp Die Bitterkeit von Chicorée kann mit Salz gemildert werden. Salzen Sie einfach etwas mehr als üblich, dies frischt das Geschmacksbild auf und lässt einen großen Teil der Bitterkeit verschwinden.

Austern

Nur roh entfalten Austern den unvergleichlichen Meeresgeschmack, der je nach Sorte, Herkunft und Zuchtmethode enorm variieren kann. Austern enthalten wenig Fett, aber viel Eiweiß und haben einen angenehmen Biss. Die ideale und einzig akzeptable Würze ist ein Spritzer Zitronensaft. Muscadet (unbedingt im Fachhandel kaufen!) schmeckt vor allem zu Felsenaustern. Zu den nussigeren Belon-Austern sind Chablis oder sehr trockener Blanc de Blancs aus der Champagne ideal.

Muscadet
Loire (Frankreich)

€ 1–2   🍷 1–5 Jahre   🌡 7–10 °C

Mineralische Noten und eine Ahnung von Zitrone sind die Merkmale des leichten Weißweins von der Loiremündung. Zusammen mit Austern entfacht er im Mund ein Geschmacksfeuerwerk.

Chablis, *Burgund (Frankreich)*

€ 2–4   🍷 2–10 Jahre   🌡 8–10 °C

Champagne Blanc de Blancs, *Champagne (Frankreich)*

€ 5   🍷 1–5 Jahre   🌡 8–10 °C

Picpoul de Pinet, *Languedoc (Frankreich)*

€ 1   🍷 1–2 Jahre   🌡 7–10 °C

FISCH UND MEERESFRÜCHTE

Fischcarpaccio

Hauchdünne Scheiben von rohem Meeresfisch werden mit feinstem Öl beträufelt und dezent mit Pfeffer und Salz gewürzt. Im Vordergund stehen der subtile Geschmack und die zarte Struktur des Fischs. Je nach verwendetem Öl (Olive, Sesam, Mandel) kann man unterschiedliche Garnituren wie Salat, Sprossen oder die delikaten Salicornes, die auch als Meeresspargel gehandelt werden, hinzufügen. Der Wein dazu muss fruchtig und mineralisch sein.

Riesling trocken
Mittelmosel (Deutschland)

€ 1–3   🍷 1–5 Jahre   🌡 7–10 °C

Zarte Weine mit wenig Alkohol und marinierter Fisch ergänzen sich perfekt. Fruchtaromen können spannende Akzente setzen. Zu Lachs passen Rieslinge aus der Pfalz oder dem Kremstal.

Riesling trocken, *Kremstal (Österreich)*
€ 1–3   🍷 2–10 Jahre   🌡 8–10 °C

Vermentino di Sardegna, *Sardinien (Italien)*
€ 1–2   🍷 1–5 Jahre   🌡 7–10 °C

Sancerre, *Loire (Frankreich)*
€ 2–3   🍷 1–2 Jahre   🌡 8–10 °C

Info Auch Süßwasserfische, besonders Forelle, Saibling und Felchen, können als Carpaccio zubereitet werden. Allerdings eignen sich dafür nur die allerbesten Qualitäten aus absolut sauberen Fließgewässern.

Graved Lachs mit Honig-Senf-Sauce

Der Lachs wird mit Salz, Zitronensaft und frischem Dill mariniert. Sein zartes Fleisch schmilzt geradezu auf der Zunge und entwickelt einen vollmundigen Geschmack. Eine süß-sauer-scharfe Honig-Senf-Sauce, die man übrigens sehr einfach selbst herstellen kann, rundet den Genuss ab. Die Kombination mit einem restsüßen, delikaten Wein, beispielsweise einem zarten Riesling der Qualitätsstufe Kabinett, ist eine kulinarische Offenbarung.

Riesling Kabinett
Mosel (Deutschland)

€ 1–2   🍷 2–10 Jahre   🌡 7–10 °C

Frucht und Mineralität des Rieslings steigern den komplexen Geschmack des Fischs, während das Süße-Säure-Spiel des Weins der Sauce zu einzigartiger Frische verhilft.

Riesling Spätlese, *Mittelrhein (Deutschland)*

€ 1–3   🍷 2–15 Jahre   🌡 7–10 °C

Muskateller Kabinett, *Baden (Deutschland)*

€ 1–2   🍷 1–3 Jahre   🌡 7–10 °C

Rosé d'Anjou, *Loire (Frankreich)*

€ 1–2   🍷 1–2 Jahre   🌡 7–9 °C

Garnelencocktail

Gekochte Garnelen oder Crevetten werden umhüllt von einer Cocktailsauce aus Mayonnaise und Ketchup, gewürzt mit Cognac, Worcestersauce und Tabasco. Die bissfeste Struktur der Garnelen, die cremige Sauce, der hohe Eiweißanteil, eine ordentliche Portion Fett, etwas Süße und viel Aroma bilden einen geschmacklichen Spannungsbogen, der nach einem aromatischen Weißwein mit dezenter Säure und mindestens mittlerem Alkoholgehalt verlangt.

Sauvignon blanc
Marlborough (Neuseeland)

 2–4   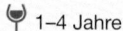 1–4 Jahre   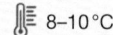 8–10 °C

 Sauvignons aus Neuseeland duften nach Grasschnitt, Stachelbeeren und Kiwis. Zu Hummercocktail passt ein Sauvignon aus Kalifornien oder ein Petite Arvine besser.

Sauvignon blanc, *Steiermark (Österreich)*

€ 1–4   ♀ 2–5 Jahre   🌡 8–10 °C

Riesling trocken, *Pfalz (Deutschland)*

€ 1–4   ♀ 2–10 Jahre   🌡 7–11 °C

Petite Arvine, *Wallis (Schweiz)*

€ 4–5   ♀ 2–10 Jahre   🌡 9–12 °C

Fleischcarpaccio

Hauchdünne Scheiben von rohem Rinderfilet werden mit bestem Olivenöl mariniert und mit Pfeffer gewürzt. Das Fleisch entwickelt ein delikates Aroma und schmilzt beinahe auf der Zunge. Es wird mit einer Sauce auf Mayonnaisebasis und fein gehobeltem Parmesan serviert. Rucola ist eine beliebte Garnitur, die dem Carpaccio eine bitter-scharfe Note verleiht. Zum französischen Vetter, dem Steak Tartar mit seiner herzhaften Struktur, passt ein leichter Rotwein.

Vernaccia di San Gimignano
Toskana (Italien)

 2–3   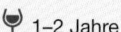 1–2 Jahre    7–10 °C

 Trotz viel Alkohol wirkt der Vernaccia leicht. Sein Duft von Mandeln, Blüten und Zitronen harmoniert perfekt mit dem Olivenöl. Zur Rucolavariante passt der fülligere Chenin besser.

Furmint, *Tokaj (Ungarn)*

€ 2–3   ♀ 1–3 Jahre   🌡 7–10 °C

Chenin blanc, *Stellenbosch (Südafrika)*

€ 2–4   ♀ 1–5 Jahre   🌡 8–10 °C

Saumur-Champigny, *Loire (Frankreich)*

€ 2–5   ♀ 2–20 Jahre   🌡 15–17 °C

Fleischpastete

Pasteten besitzen eine Hülle aus mürbem Pastetenteig. Wegen der einfachen Verfügbarkeit als Fertigprodukt werden neuerdings immer mehr Blätterteigpasteten angeboten. Ihnen fehlt aber die einzigartige Harmonie zwischen krustigem Mürbteig und geschmeidiger Füllung. Die Geschmacksrichtungen reichen von rustikal bis hochfein. Je nach Ausführung wird die ziemlich fettreiche Füllung mit exotischen Gewürzen verfeinert.

Chardonnay
Colchagua (Chile)

€ 1–3 🍷 2–4 Jahre 🌡 8–10 °C

Chardonnay und Pastete gehen eine harmonische Beziehung ein. Die cremige Textur des Weins nimmt die weiche Struktur der Füllung auf, sein üppiges Aroma ergänzt deren Gewürze.

Gewürztraminer trocken, *Rheinhessen (Deutschland)*
€ 1–3 🍷 1–4 Jahre 🌡 8–11 °C

Fleurie, *Beaujolais (Frankreich)*
€ 1–2 🍷 1–5 Jahre 🌡 14–16 °C

Saint-Emilion Grand cru, *Bordeaux (Frankreich)*
€ 5 🍷 5–20 Jahre 🌡 16–18 °C

Aperitif

Unsere südlichen Nachbarn pflegen die schöne Gewohnheit, sich vor dem Essen zu einer entspannten Runde zu treffen, bei der viel geredet und ein Gläschen oder zwei genossen wird. Dazu gibt es Nüsse, Salzgebäck, Oliven, Crostini oder andere Appetithäppchen. Der Aperitif soll die Verdauungsorgane auf die kommende Mahlzeit vorbereiten.
Als Aperitif ist ein trockener, spritziger Weißwein neben den meist bitteren Aperitifgetränken die erste Wahl. Am besten sind neutrale Sorten wie Silvaner aus Franken oder Württemberg sowie Aligoté aus dem Burgund. Aus dem italienischen Repertoire kommen Lugana oder Gavi in Frage. An warmen Sommerabenden mundet auch ein aromatischer trockener Muskateller aus Baden oder der Pfalz hervorragend. Rotweine sind dagegen für die Mahlzeit reserviert.

TROCKEN ODER SÜSS?

Obwohl die meisten Aperitifweine trocken sind, werden in manchen Regionen auch edelsüße Weine wie Muscat de Beaumes-de-Venise, Sauternes oder Monbazillac serviert, und zwar eiskalt oder sogar mit Eiswürfeln. Als Variante ist ein restsüßer Riesling Kabinett von der Mosel sehr zu empfehlen. Er ist anregender als die oben genannten Weine und hat weniger Alkohol. Zu den süßen Aperitifs zählt auch weißer Port. Süße Weine passen sehr gut zu salzigem Gebäck und Toasts mit Gänseleberpastete.

SHERRY SCHMECKT FRISCH AM BESTEN

Fino oder Manzanilla Sherry sind Klassiker, die heutzutage leider nicht angemessen gewürdigt werden. Sie sehen nicht nur aus wie normale Weißweine, sondern müssen auch unbedingt frisch geöffnet und kühl serviert werden. Einmal geöffnet, sind sie nur einen Tag haltbar. Ihre dunkleren Vettern Amontillado, Palo Cortado oder Oloroso halten ihre Qualität im Anbruch gut, doch sind sie längst nicht so geeignet als Apéro.

CHAMPAGNER – DER KLASSIKER SCHLECHTHIN

Fast alle Schaumweine sind gute Aperitifs. Ihre Kohlensäure und der frische Geschmack regen den Appetit besonders stark an. Champagner ist und bleibt dabei die erste Wahl, allen voran die ganz trockenen Ausführungen (»extra brut«). Eine hervorragende und meist sehr günstige Alternative ist Cava. Wer es gern etwas fruchtiger mag, wird einen Sekt bevorzugen. Alle Schaumweine harmonieren sehr gut mit Nüssen, Käse- und Blätterteiggebäck, Toasts mit Käseaufstrich oder Leberpastete sowie salzigem Hefegebäck.

Belebende Weine und kleine Leckereien sind die schönste Einstimmung auf ein gutes Essen.

Geflügelleberterrine

Wegen ihres hohen Fettgehalts schmilzt die zarte Terrine geradezu auf der Zunge. Sie wird mit fruchtigen oder würzigen Beilagen oder einfach nur mit geröstetem Weißbrot und grobem Meersalz serviert. Dazu passen trockene wie edelsüße Weine, wenn sie über ausreichend Alkohol und mäßige Säure verfügen. Weil die Terrine in der Regel als Vorspeise serviert wird, ist im Sinne einer harmonischen Weinfolge ein trockener Wein vorzuziehen.

Gewürztraminer trocken
Baden (Deutschland)

€ 1–3   2–6 Jahre   9–11 °C

Der stattliche Alkoholgehalt und die mäßige Säure passen ideal zum hohen Fettgehalt der Leber. Das edle Bukett von Rosen, Litschis und exotischen Gewürzen rundet das Aroma der Terrine ab.

Pinot gris, *Elsass (Frankreich)*

€ 2–5   2–10 Jahre   9–12 °C

Traminer, *Steiermark (Österreich)*

€ 2–3   2–5 Jahre   8–11 °C

Sauternes, *Bordeaux (Frankreich)*

€ 4–5   4–20 Jahre   9–12 °C

Tipp Teure Sauternes können durch günstigere Süßweine aus Monbazillac oder Cadillac ersetzt werden, die den Sauternes im Geschmack sehr ähnlich sind. Spitzenqualitäten haben aber auch in diesen Gebieten einen stolzen Preis.

Tomate mit Mozzarella

Die Qualität dieser italienischen Vorspeise steht und fällt mit der Güte ihrer Zutaten. Tomaten- und Mozzarellascheiben werden abwechselnd mit Basilikumblättern hübsch angerichtet, mit Olivenöl beträufelt und dezent mit Pfeffer und Salz gewürzt. Im Original wird kein Essig verwendet, weil die Tomaten, auch wenn sie vollreif sind, bereits genügend Säure mitbringen. Eine köstliche Variante ist Tomate mit cremig-milder Burrata und frischem Oregano.

Fiano di Avellino
Kampanien (Italien)

 1–2 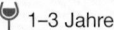 1–3 Jahre 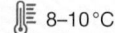 8–10 °C

 Mit Frische und Substanz kontert der Fiano die Säureattacke der Tomate. Seine dezenten mediterranen Anklänge intensivieren das fruchtige Aromenspektrum dieser Vorspeise.

Weißburgunder trocken, *Pfalz (Deutschland)*
€ 1–2   1–4 Jahre   8–10 °C

Sauvignon blanc, *Constantia (Südafrika)*
€ 2–3   1–3 Jahre   8–10 °C

Vermentino, *Korsika (Frankreich)*
€ 1–3   1–3 Jahre   8–10 °C

Tapas

Die köstlichen Appetithäppchen werden nicht nur im Rahmen eines Menüs gereicht, sondern sind auch als Imbiss zu jeder Tageszeit oder als abendfüllendes Kulinarikprogramm beliebt. Die üppige Auswahl bietet Oliven, Gemüse, Salate, marinierte Anchovis, Meeresfrüchte, Wurst, Schinken, Käse und vieles mehr. Als Alternative zum traditionellen Sherry bietet sich Weißwein an, doch auch ein nicht zu schwerer Roter kann viele Tapas gut begleiten.

Fino Sherry
Jerez (Spanien)

€ 2–3   ohne Jahrgang   7–10 °C

Der vielseitige, frische Fino mit seinen mineralisch-salzigen Noten ist im Anbruch maximal einen Tag haltbar. Deshalb sollte er nur aus frisch geöffneten Flaschen serviert werden.

Rueda, *Kastilien-León (Spanien)*

€ 1–2   1–4 Jahre   8–10 °C

Xarel.lo, Penedès (Spanien)

€ 2–3   1–3 Jahre   8–10 °C

Ribeira Sacra, Galizien (Spanien)

€ 2–3   2–5 Jahre   15–17 °C

Info Helle Sherrys sehen wie normale Weißweine aus und müssen rasch getrunken werden. Daher sind halbe Flaschen für den Hausgebrauch ideal. Die dunkleren Varianten sind im Anbruch problemlos über mehrere Wochen haltbar.

Mezze

Die kalten, vorwiegend vegetarischen Spezialitäten sind vor allem aus der libanesischen und türkischen Küche bekannt. Neben Teigtaschen, Falafel und Taboulé werden Gemüse, Paprika, Salate und gefüllte Weinblätter gereicht. Die einzelnen Gerichte sind intensiv gewürzt und besitzen die warme Aromatik des Orients. Daran und an der überwiegend reichen Textur der Speisen und der sämigen, nahrhaften Dips orientiert sich die Weinauswahl.

Viognier
Rhône (Frankreich)

 2–5   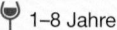 1–8 Jahre   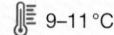 9–11 °C

 Viognier harmoniert dank kräftiger Struktur und fruchtiger Aromen. Arneis und Grüner Veltliner frischen mit ihren Bitternoten die üppige Textur und Süße der Mezze auf.

Anjou blanc, *Loire (Frankreich)*

€ 2–4   1–8 Jahre ... 2–7 Jahre   9–11 °C

Grüner Veltliner Smaragd, *Wachau (Österreich)*

€ 3–4   2–7 Jahre   8–10 °C

Roero Arneis, *Piemont (Italien)*

€ 1–2   1–3 Jahre   8–10 °C

Frühlingsrollen

Neben rein vegetarischen Ausführungen gibt es zahlreiche Varianten diverser Landesküchen mit Schweinefleisch, Ente, Huhn, Fisch oder Krustentieren. Frühlingsrollen werden meist frittiert, einige Arten werden auch als erfrischende Vorspeise mit scharfer Sauce roh verzehrt. Bei uns werden sie meist mit süßsauren Saucen serviert. Dazu passen fruchtige, fast trockene Weißweine sehr gut. Zu scharfen Saucen schmecken halbtrockene Weine besser.

Scheurebe trocken
Franken (Deutschland)

€ 2–3   1–4 Jahre   7–10 °C

In Franken gibt es gehaltvolle Spitzenweine aus der Scheurebe, die dank hohem Alkoholgehalt mild schmecken. Zu rohen Frühlingsrollen passt Sauvignon, zu fruchtigen Saucen Viognier.

Viognier, *Santa Barbara County (Kalifornien)*

€ 3–4   2–4 Jahre   8–10 °C

Riesling halbtrocken, *Nahe (Deutschland)*

€ 1–3   1–10 Jahre   7–10 °C

Sauvignon blanc, *Napa Valley (Kalifornien)*

€ 2–4   2–4 Jahre   8–10 °C

Ceviche

Die peruanische Küche ist weltweit eine der vielfältigsten und feinsten. Ihre berühmteste Spezialität ist Ceviche, in Limonensaft marinierter roher Fisch, der pikant mit Chili, Zwiebeln und einigen Süßkartoffelscheiben angerichtet wird. Die kräftige Säure, die raffinierten Aromen und die feurige Schärfe des Chilis stellen den begleitenden Wein vor eine extreme Herausforderung. Ein Riesling mit dezenter Süße ist ihr am besten gewachsen.

Riesling feinherb
Mosel (Deutschland)

€ 1–3   🍷 2–10 Jahre   🌡 7–10 °C

Die Süße des Rieslings nimmt Schärfe und Säure der Ceviche auf, seine Mineralität und Frucht ergänzen das raffinierte Aroma des Gerichts. Allerdings darf der Wein nicht zu üppig sein.

Riesling halbtrocken, *Rheingau (Deutschland)*
€ 1–3   🍷 2–10 Jahre   🌡 7–10 °C

Vouvray demi-sec, *Loire (Frankreich)*
€ 2–3   🍷 2–10 Jahre   🌡 8–10 °C

Scheurebe halbtrocken, *Baden (Deutschland)*
€ 1–2   🍷 1–4 Jahre   🌡 7–10 °C

SALATE UND WEIN

Ob als Vorspeise, Zwischenmahlzeit, leichter Hauptgang oder Partyessen – Salate bringen Abwechslung in den Speiseplan und sind aus der zeitgemäßen Ernährung nicht wegzudenken. Weil Salate meist mit Essig, dem natürlichen Feind des Weins, gesäuert sind, ist die Wahl des passenden Weins nicht immer einfach. Daher ist es ratsam, das Dressing mit einem milden Essig oder mit Zitronensaft zuzubereiten.

Blatt- und Kräutersalat

Salatsorte und Dressing bestimmen den Geschmack des Salats und die Wahl des Weins. Mit sämigen Dressings harmonieren kräftige Weine, mit Essig-Öl-Saucen dagegen leichte oder mittelschwere Weißweine. Zu bitteren Salaten wie Chicorée oder Wildkräutern schmecken vollmundige, zu süßen Sorten wie Eisbergsalat rassige Weine. Wird der Salat mit Fleisch garniert, kann auch ein Rotwein passen. Er sollte aber wegen der Säure des Dressings gerbstoffarm sein.

Weißburgunder trocken
Pfalz (Deutschland)

€ 1–2   🍷 1–5 Jahre   🌡 8–10 °C

Weißburgunder passt zu Vinaigrette und milden Salaten, Grauburgunder zu bitteren Wildkräutern und sämigen Saucen. Rosé und leichter Bordeaux schmecken zu Salaten mit Fleisch.

Grauburgunder trocken, *Baden (Deutschland)*
€ 1–2   🍷 1–4 Jahre   🌡 8–10 °C

Spätburgunder rosé trocken, *Ahr (Deutschland)*
€ 1–2   🍷 1–10 Jahre   🌡 7–10 °C

Bordeaux Clairet, *Bordeaux (Frankreich)*
€ 1–2   🍷 2–4 Jahre   🌡 14–16 °C

Tipp Die Kombination von Essig und Wein ist problematisch. Wird jedoch für die Vinaigrette Zitronensaft statt Essig verwendet, passen Salat und Wein viel besser zusammen.

Kartoffelsalat

Im Norden kommt er meist knackig mit Mayonnaise oder saurer Sahne und Gewürzgurken auf den Tisch, im Süden bevorzugt man ihn sämig, oft fast lauwarm, mit Vinaigrette, etwas Fleischbrühe und Salatgurkenscheiben: Kartoffelsalat begleitet Backfisch, Würstchen, Schnitzel, Kasseler oder Maultaschen. Die Zubereitungsart des Salats und die begleitenden Speisen sind für die Weinwahl entscheidend. Alkoholreiche Weine passen zu Mayonnaise, leichtere zu Vinaigrette.

Grauburgunder trocken
Baden (Deutschland)

€ 1–3   1–5 Jahre   8–11 °C

Kräftige Grauburgunder schmecken gut zu Mayonnaisedressing und Backfisch. Riesling passt zum Schnitzel mit Vinaigrette-Kartoffelsalat, Silvaner zu Kasseler, Trollinger zu Maultaschen.

Silvaner trocken, *Franken (Deutschland)*
€ 1–3   1–5 Jahre   8–10 °C

Riesling trocken, *Rheingau (Deutschland)*
€ 1–3   2–10 Jahre   7–10 °C

Trollinger trocken, *Württemberg (Deutschland)*
€ 1–2   1–3 Jahre   14–16 °C

Linsensalat

Das Image als billiger Hungerstiller haben die Linsen längst abgelegt, nicht zuletzt dank vielfältiger Rezepte aus orientalischen Küchen. Den Linsensalaten fällt dabei besondere Bedeutung zu, denn sie sind hervorragende Weinbegleiter. Ob mittelschwerer Chardonnay, leichter Sommerrotwein oder tanninreicher Bordeaux – fast alle Weine harmonieren wunderbar. Nur spritzige leichte Weine können zu Linsensalat manchmal bitter schmecken.

Chardonnay
South Australia (Australien)

€ 1–3   🍷 1–3 Jahre   🌡 7–10 °C

Üppige Chardonnays passen sehr gut zu Linsen mit Curry, würzige Weiße aus dem Languedoc zu arabischen Varianten. Pinotage und Douro schmecken mit Linsen milder.

Coteaux du Languedoc blanc, *Languedoc (Frankreich)*
€ 1–3   🍷 2–8 Jahre   🌡 9–11 °C

Pinotage, *Stellenbosch (Südafrika)*
€ 1–4   🍷 2–10 Jahre   🌡 16–18 °C

Douro, *Douro (Portugal)*
€ 2–5   🍷 2–10 Jahre   🌡 16–18 °C

Info Weißweine aus Übersee besitzen meist eine stärker ausgeprägte Restsüße als europäische Weißweine. Sie passen daher sehr gut zu würzigen Speisen.

Thaisalat (Yum)

Den feurig scharfen, mit viel Limette gesäuerten Salaten der Thaiküche, die mit Fleisch, Garnelen, Tintenfisch oder vegetarisch angeboten werden, ist kaum ein Wein gewachsen. Rotweine mit ihren Tanninen harmonieren überhaupt nicht mit der Thaiküche, es bleiben also nur Weißweine oder Rosés, die aber auf keinen Fall trocken sein dürfen. Dessertweine sind wiederum zu süß. Unschlagbar ist Riesling der Qualitätsstufe Kabinett oder Spätlese.

Riesling Kabinett
Rheinhessen (Deutschland)

   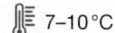

Bei scharf gewürzten Speisen asiatischer Küchen schlägt die Stunde des Rieslings. Selbst die enorme Säure des Yum stört ihn nicht. Vouvray demi-sec und Rosé d'Anjou passen fast so gut.

Riesling Spätlese, *Rheingau (Deutschland)*
€ 2–4   2–10 Jahre   7–10 °C

Vouvray demi-sec, *Loire (Frankreich)*
€ 2–4   2–10 Jahre   8–11 °C

Rosé d'Anjou, *Loire (Frankreich)*
€ 1–2   1–2 Jahre   7–9 °C

Meeresfrüchtesalat

Meeresfrüchtesalate sind aroma- und geschmacksintensiv und besitzen durch den obligaten Anteil von Tintenfisch Bissfestigkeit. Deshalb darf der begleitende Wein nicht zu leicht ausfallen. Weine mit ausgeprägter Fruchtaromatik sind zu meiden, weil sie den feinen Meeresfrüchtegeschmack übertönen. Ideal passen kräftige Weißweine aus dem Mittelmeerraum. Sie verfügen über die genau richtige Säurestruktur und sind nicht zu aromatisch.

Sicilia Bianco IGT
Sizilien (Italien)

€ 1–2   ♈ 1–3 Jahre   🌡 7–9 °C

Achten Sie auf lokale Rebsorten wie Inzolia oder Grecanico. Ein guter Sicilia Bianco erzählt von seiner Insel. Er lässt Orangendüfte, Kräuteraromen und den jodhaltigen Meereshauch erahnen.

Santorini, *Ägäische Inseln (Griechenland)*

€ 2–3   ♈ 1–4 Jahre   🌡 8–10 °C

Vermentino di Sardegna, *Sardinien (Italien)*

€ 1–2   ♈ 1–3 Jahre   🌡 7–9 °C

Rebula, *Brda (Slowenien)*

€ 2–3   ♈ 2–8 Jahre   🌡 8–11 °C

Salat mit gebratenen Fischfilets

Die Weinauswahl richtet sich nach der Herkunft des Fischs. Süßwasserfische, zu denen hier ausnahmsweise der Lachs zählen soll, passen mit ihren erdigen Geschmacksnoten sehr gut zu fruchtigen Weinen. Salate mit Meeresfischen werden oft mit sehr aromatischen Mittelmeerfischen, beispielsweise Rotbarbe, zubereitet und mit mediterranen Gewürzen wie Fenchel, Anis oder Dill verfeinert. Hierzu schmecken mineralisch-würzige Weine am besten.

Grüner Veltliner trocken
Traisental (Österreich)

 1–3    1–5 Jahre   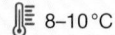 8–10 °C

 Grüner Veltliner passt mit seinem mineralischen Aroma zu Fischen aus Bergseen, Riesling zu Lachs und Forelle, Languedoc blanc zu mediterranen Rezepten, Bandol rosé zu Rotbarbe.

Riesling trocken, *Mittelrhein (Deutschland)*
€ 1–2   🍷 2–8 Jahre   🌡 8–10 °C

Coteaux du Languedoc blanc, *Languedoc (Frankreich)*
€ 1–3   🍷 1–8 Jahre   🌡 8–10 °C

Bandol rosé, *Provence (Frankreich)*
€ 2–3   🍷 1–5 Jahre   🌡 9–11 °C

Info Heringssalat, Rollmops und sauer eingelegte Fischspezialitäten wie Brathering passen wegen des hohen Essiganteils überhaupt nicht zu Wein. Ein frisch gezapftes Bier mundet hier am besten.

SUPPEN UND WEIN

───────────

»Wein zur Suppe? Das passt doch nicht!« Kaum ein Vorurteil hält sich so hartnäckig wie dieses, wenn es um Essen und Wein geht. Natürlich muss man zur Suppe nicht unbedingt etwas trinken, weil sie ohnehin reichlich Flüssigkeit enthält. Aber mit der Wiederentdeckung der Suppe als eigenständige Mahlzeit hat auch die Kombination von Suppe und Wein an Aktualität gewonnen.

Klare Gemüsesuppe

Die leichte Suppe mit ihrem klaren Geschmack verlangt nach leichteren aromatischen Weißweinen. Ideale Begleiter sind Gewächse mit pflanzlichen Aromen. Die bekanntesten unter ihnen sind Sauvignon blanc und Silvaner. Achten Sie besonders auf den Säuregehalt des Weins: je weniger, desto besser. Wird die Suppe mit nahrhaften Einlagen wie Käse, geröstetem Brot oder Nockerln gereicht, können auch kräftigere Weine dazu serviert werden.

Sauvignon blanc
Südtirol (Italien)

€ 1–3   🍷 1–4 Jahre   🌡 7–10 °C

Duftige Sauvignons besitzen viele pflanzliche Aromen (grüner Spargel, Paprika) und passen zu vielen Gemüsegerichten. Chardonnay empfiehlt sich zu Suppen mit herzhaften Einlagen.

Silvaner trocken, *Franken (Deutschland)*

€ 1–2   🍷 1–4 Jahre   🌡 8–10 °C

Chardonnay, *Navarra (Spanien)*

€ 1–2   🍷 1–3 Jahre   🌡 8–11 °C

Riesling × Sylvaner, *Thurgau (Schweiz)*

€ 2–3   🍷 1–3 Jahre   🌡 7–10 °C

Gemüsecremesuppe

Für Cremesuppen werden die Gemüse mit Sahne und eventuell etwas Butter püriert. Manchmal wird mit Stärke gebunden, was einen reicheren Geschmack und eine samtig-cremige Struktur ergibt. Der Fettgehalt ist deutlich höher als bei einer klaren Suppe. Wird die Suppe ohne Sahne zubereitet, heißt sie Samtsuppe oder Velouté. Die begleitenden Weine sind von der Rebsorte und Herkunft her dieselben wie bei der Cremesuppe, sie dürfen jedoch leichter sein.

Weißburgunder trocken
Burgenland (Österreich)

€ 1–2   1–4 Jahre   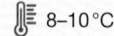 8–10 °C

 Weißburgunder passt fast immer. Am besten sind kräftige Exemplare mit wenig Säure. Traminer schmeckt zu Kartoffelsuppe, Sauvignon zu Erbsen- oder Spargelcreme, Viognier zu Kürbissuppe.

Traminer trocken, *Baden (Deutschland)*
€ 1–2   1–3 Jahre   9–11 °C

Sauvignon de Touraine, *Loire (Frankreich)*
€ 1–2   1–3 Jahre   7–10 °C

Viognier, *Rhône (Frankreich)*
€ 2–3   1–3 Jahre   9–11 °C

Fleischsuppe, Consommé

Eine Fleischbrühe ist die Grundlage vieler Suppen. Wird sie mit Hackfleisch, Eiklar und Gemüse geklärt, entsteht die gehaltvolle Consommé oder Kraftbrühe. Durch verschiedene Suppeneinlagen wird ihr Geschmack wesentlich beeinflusst. Brät- oder Leberklößchen bringen besonders würzige Noten mit ein. Grießknödel, Flädle und Eierstich geben Volumen und samtige Struktur, während Markklößchen einen eleganten Geschmack ergeben.

Sherry Amontillado
Andalusien (Spanien)

€ 2–4   ♀ ohne Jahrgang   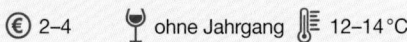 12–14 °C

 Die Weine sollten möglichst lange im Fass gereift sein. Amontillado schmeckt zur Consommé, Madeira zu würzigen Einlagen, Anjou blanc zu Markklößchen, Savagnin zu (Pilz-)Nockerln.

Madeira Sercial, *Madeira (Portugal)*

€ 3–4   ♀ 5–10 Jahre   12–14 °C

Anjou blanc, *Loire (Frankreich)*

€ 2–4   ♀ 2–10 Jahre   8–11 °C

Savagnin, *Jura (Frankreich)*

€ 2–4   ♀ 3–10 Jahre   10–12 °C

Fischsuppe, Bouillabaisse

Die Bouillabaisse besteht aus einem kräftig gewürzten Fischsud und aromatischen Mittelmeerfischen, Muscheln und Krustentieren. Dazu werden geröstetes Weißbrot und knoblauchgeschwängerte Rouille gereicht. Die zweite bekannte Fischsuppe ist die bretonische Fischsuppe. Sie wird aus angerösteten Krustentieren, Tomaten und allerlei Fischen gekocht und anschließend passiert. Sie besitzt eine sämige Struktur und einen würzigen Krustentiergeschmack.

Bandol rouge
Provence (Frankreich)

 2–4    3–15 Jahre   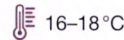 16–18 °C

 Zu Fischsuppen passt Rotwein ausgezeichnet. Im Bandol und Fitou schwingt dank ihrer Herkunft vom Mittelmeer ein Hauch Seeluft mit. Weißweine müssen besonders ausdrucksvoll sein.

Fitou, *Languedoc (Frankreich)*

€ 1–2   🍷 2–5 Jahre   🌡 15–17 °C

Les Baux-de-Provence rosé, *Provence (Frankreich)*

€ 2–3   🍷 1–5 Jahre   🌡 8–12 °C

Heida/Païen, *Wallis (Schweiz)*

€ 3–5   🍷 2–10 Jahre   🌡 9–12 °C

Gazpacho

Die kalte Gemüsesuppe aus Andalusien besteht in der Hauptsache aus roher pürierter Gurke, Paprika und Tomate. Puristen essen sie ohne Einlage, doch Kombinationen mit Krustentieren wie Gambas können sehr reizvoll sein. Die geschmackliche Mischung aus Säure, einer leichten Schärfe und pfeffrigen Paprikaaromen bestimmt die Weinauswahl. Einen aromatischen Gleichklang erzielt man am einfachsten mit einem frischen Sauvignon blanc.

Sauvignon blanc
Steiermark (Österreich)

€ 2–4   1–4 Jahre   7–10 °C

Ein pflanzlich geprägtes Bukett und Paprikaaromen zeichnen den sommerlichen Weißen aus. Auch Rosés und leichte Rote aus den Cabernetsorten passen dank ihrer Paprikaaromen gut.

Bordeaux rosé, *Bordeaux (Frankreich)*

€ 1–2   1–2 Jahre   7–9 °C

Cabernet franc, *Friaul (Italien)*

€ 2–3   2–7 Jahre   15–17 °C

Cabernet Sauvignon, *Navarra (Spanien)*

€ 1–2   2–5 Jahre   15–17 °C

Thai-Kokossuppe

Die sämige, scharfe Tom Kha Gai wird traditionell mit Hühnerfleisch zubereitet, schmeckt aber auch sehr gut mit Garnelen oder als vegetarische Variante mit Gemüse. Die Kokosmilch sorgt für eine sämige Süße, Galgant, Kaffirlimonenblätter, Koriander und Zitronengras steuern Aroma und Thai-Chilis Schärfe bei. Hier muss ein aromatischer Weißwein her, der mit der richtigen Portion Restsüße die Schärfe der Suppe ausgleicht. Riesling passt perfekt.

Riesling Kabinett
Rheinhessen (Deutschland)

 1–2   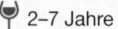 2–7 Jahre   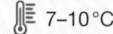 7–10 °C

 Intensives Aroma, feine Süße und pikante Säure machen den Riesling zum idealen Begleiter vieler asiatischer Gerichte. Harmonie entsteht nur, wenn der Wein nicht trocken ist.

Riesling Spätlese, *Nahe (Deutschland)*

 2–4   2–10 Jahre   7–10 °C

Muskateller Kabinett, *Baden (Deutschland)*

 1–2   1–3 Jahre   7–10 °C

Zierfandler halbtrocken, *Thermenregion (Österreich)*

 1–2   1–4 Jahre    8–10 °C

FISCH UND WEIN

Für die Wahl des passenden Weins ist meistens die Zubereitungsart des Gerichts ausschlaggebend. Grundsätzlich ist Weißwein besser geeignet als Rotwein, was mit der zarten Struktur und den Aromen der Fische zusammenhängt. Wird Fisch mit festem Fleisch aber geschmort, gebraten oder gegrillt, kann die dabei entstehende Bratenkruste den Bogen zum Rotwein spannen.

Süßwasserfisch blau

Beim Blaukochen werden die Fische im Würzsud unterhalb des Siedepunkts schonend gegart, was ihnen ein Maximum an Eigengeschmack belässt. Meist haben Süßwasserfische einen mehr oder weniger erdigen Geschmack. Am ausgeprägtesten ist er bei Schleien, Karpfen und Aalen. Fische aus Gebirgsgewässern wie Felchen, Bachforelle und Saibling besitzen den feinsten Geschmack. Wählen Sie in jedem Fall einen leichten, frischen Wein.

Riesling trocken
Mosel (Deutschland)

 1–2   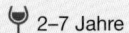 2–7 Jahre   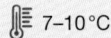 7–10 °C

 Trockene Rieslinge passen zu fast allen Süßwasserfischen. Mit fetten Fischen (Aal, Karpfen) harmonieren kräftige Rieslinge oder Veltliner, mit Gebirgswasserfischen Roussette und Müller-Thurgau.

Grüner Veltliner trocken, *Kremstal (Österreich)*

€ 1–2   🍷 1–4 Jahre   🌡 8–10 °C

Müller-Thurgau trocken, *Baden (Deutschland)*

€ 1–2   🍷 1–2 Jahre   🌡 7–9 °C

Roussette de Savoie, *Savoyen (Frankreich)*

€ 2–3   🍷 1–4 Jahre   🌡 8–11 °C

Gebratenes Süßwasserfischfilet

Außer der bekannten Garnitur Müllerin können gebratene Süßwasserfische auf vielerlei Arten serviert werden. Herzhafte Fische wie Zander vertragen gehaltvolle Beilagen, etwa Linsen, Speck oder mildes Sauerkraut. Als Begleiter zu fett- und eiweißreichen Garnituren kommen nur kräftige Weine in Frage. Weil die beim Braten entstehenden Röstaromen die erdigen Noten des Fischs überdecken, passen auch Weine mit nussigen Aromen oder Blütendüften.

Silvaner trocken
Franken (Deutschland)

€ 1–3   🍷 1–10 Jahre   🌡 8–10 °C

Ein fränkischer Silvaner duftet frisch, aber auch erdig und manchmal leicht nach Mandeln und Nüssen. Das passt hervorragend zu komplexen Gerichten wie Zander mit Sauerkraut.

Graubürgunder trocken, *Württemberg (Deutschland)*
€ 1–2   🍷 1–4 Jahre   🌡 8–11 °C

Gutedel trocken, *Baden (Deutschland)*
€ 1   🍷 1–3 Jahre   🌡 7–10 °C

Anjou blanc, *Loire (Frankreich)*
€ 2–4   🍷 1–10 Jahre   🌡 9–12 °C

Geräucherter Süßwasserfisch

Durch die Hitzeeinwirkung beim Räuchern entstehen intensive Röstnoten. Die vielen Rauch- und Gewürzaromen verleihen dem Fisch einen kräftigeren Geschmack und eine vollmundige, weiche Textur. Hier sind starke Weinpersönlichkeiten gefragt. Einen Volltreffer landet man fast immer mit Rieslingen von Schieferböden. Ihre mineralischen Aromen erinnern oft an Geräuchertes, ihre Frucht bringt die nötige Frische in die Kombination ein.

Riesling trocken
Mittelrhein (Deutschland)

 1–3    2–10 Jahre   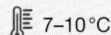 7–10 °C

 Die Frucht-, Rauch- und Feuersteinaromen des Rieslings harmonieren mit jedem Räucherfisch. Beaujolais blanc (Chardonnay von Schieferböden) und Ribeiro passen zu mild geräucherten Fischen.

Riesling Grand cru, *Elsass (Frankreich)*

€ 3–5   ♀ 2–10 Jahre   🌡 8–11 °C

Beaujolais blanc, *Beaujolais (Frankreich)*

€ 2–3   ♀ 1–5 Jahre   🌡 8–11 °C

Ribeiro, *Galizien (Spanien)*

€ 1–2   ♀ 1–4 Jahre   🌡 7–10 °C

Tipp Geräucherte Fische schmecken am besten, wenn sie direkt aus dem Räucherofen kommen. Räucheröfen für den Hausgebrauch gibt es sehr günstig in jedem Anglerladen zu kaufen.

Gedünsteter Fisch in Weinsauce

Durch das Dünsten wird der Eigengeschmack des Fischs hervorgehoben. Die dazugehörige, mit Butter aufgeschlagene Weißweinsauce ist schön cremig und ziemlich fett. Fleischige Meeresfische wie Steinbutt, Heilbutt und Kabeljau eignen sich besonders gut für diese Garmethode. Als Begleitung wird ein Wein benötigt, der genug Alkohol besitzt, um es mit der Butter aufzunehmen, aber andererseits Mineralität und Aroma des Fischs respektiert.

Chablis Premier cru
Burgund (Frankreich)

€ 3–4   🍷 2–10 Jahre   🌡 9–12 °C

Der mineralische Geschmack des Chablis erinnert an eine Meeresbrise und geröstete Haselnüsse. Kaufen Sie Chablis nur im Fachhandel. Alternativen sind Pouilly-Fumé oder Pouilly-Vinzelles.

Weißburgunder trocken, *Saale-Unstrut (Deutschland)*

€ 2–3   🍷 1–3 Jahre   🌡 7–10 °C

Saumur blanc, *Loire (Frankreich)*

€ 2–3   🍷 2–8 Jahre   🌡 9–12 °C

Champagne Blanc de Blancs, *Champagne (Frankreich)*

€ 4–5   🍷 ohne Jahrgang   🌡 8–10 °C

Gegrillte Fischsteaks

Thunfisch, Lachs, Steinbutt, Schwertfisch und viele andere große Fische mit festem Fleisch können als Steaks auf dem Grill zubereitet werden. Damit sie außen schön knusprig werden und innen saftig bleiben, muss der Garvorgang kurz und die Temperatur hoch sein. Die feste Struktur des Fischs sowie die Kruste und die intensiven Aromen, die beim Grillen entstehen, rufen nach Tanninen. Deshalb liegt man hier mit Rotwein immer richtig.

La Clape
Languedoc (Frankreich)

€ 1–2   2–6 Jahre   15–17 °C

Von La Clape aus sieht – und riecht – man das Mittelmeer. Seine Aromen finden sich in Trauben und Wein wieder. La Clape, Castel del Monte und Utiel-Requena passen zu Schwert- und Thunfisch.

Castel del Monte, *Apulien (Italien)*

€ 1–2   2–5 Jahre   16–18 °C

Utiel-Requena, *Valencia (Spanien)*

€ 1–2   2–5 Jahre   16–18 °C

Nemea, *Peloponnes (Griechenland)*

€ 2–3   2–5 Jahre   16–18 °C

Bacalao

Stockfisch ist eine Spezialität vieler Mittelmeerländer und Portugals. In Südfrankreich bereitet man daraus Brandade de morue, ein Stockfischmus zur Vorspeise, in Italien heißt er Stoccafisso und in Spanien Bacalao. Das Gelingen des Gerichts hängt wesentlich von der Güte des Grundprodukts ab. Erstklassige Qualitäten sind delikat und können sogar wie Ceviche (→ S. 33) roh genossen werden. Meist wird Stockfisch deftig und mit kräftigen Saucen zubereitet.

Friulano
Friaul (Italien)

€ 1–2   ♀ 1–3 Jahre   🌡 7–10 °C

Friulano (bis 2007: Tocai friulano) schmeckt dank robuster Struktur und Bitternoten gut zu Bacalao mit cremigen Saucen. Rías Baixas und Loureiro passen zu leichteren Varianten.

Rías Baixas, *Galizien (Spanien)*
€ 2–3   ♀ 1–4 Jahre   🌡 7–10 °C

Loureiro, *Vinho Verde (Portugal)*
€ 1–2   ♀ 1–3 Jahre   🌡 7–10 °C

Rioja blanco, *La Rioja (Spanien)*
€ 1–3   ♀ 1–5 Jahre   🌡 8–10 °C

Gebratener Meeresfisch

Die Seezunge Müllerin ist ein Paradebeispiel für gebratene Meeresfische. Ihr Fleisch hat Biss und intensiven Geschmack. Werden Fische im Ganzen gebraten, bleiben sie saftiger als Filets und sind daher schmackhafter. Sind die Filets aber dick genug, bleiben auch sie beim Braten saftig. Besonders gut schmecken Wolfsbarsch oder Steinbutt, die man auf der Haut knusprig brät. Zu gebratenem Meeresfisch passen am besten mineralische, kraftvolle Weine.

Chassagne-Montrachet
Burgund (Frankreich)

€ 5   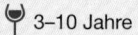 3–10 Jahre   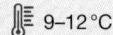 9–12 °C

 Chassagne-Montrachet passt hervorragend, ist aber leider teuer. Alternativen sind Rully und Montagny. Der Vin de Pays des Côtes Catalanes schmeckt sehr gut zu mediterranen Beilagen.

Silvaner trocken, *Franken (Deutschland)*

€ 1–3   2–8 Jahre   8–11 °C

Vin de Pays des Côtes Catalanes, *Roussillon, Gemeinde Calce (Frankreich)*

€ 2–4   2–8 Jahre   9–12 °C

Fiefs Vendéens Brem blanc, *Loire (Frankreich)*

€ 1–3   1–5 Jahre   8–10 °C

Meeresfisch im Ofen gegart

Gebratene Fische aus dem Ofen harmonieren dank ihres herzhaften Charakters gut mit milden, vollmundigen Weißweinen, kräftigen Rosés und sogar mit Rotweinen. Werden die Fische im Bratschlauch, Römertopf oder Pergamentpapier zubereitet, bleiben sie besonders saftig und nehmen die Aromen der mitgegarten Kräuter und Gewürze auf. Garen in der Salzkruste hebt den Eigengeschmack des Fischs und hält ihn ebenfalls saftig.

Bandol rosé
Provence (Frankreich)

€ 2–4   1–5 Jahre   9–12 °C

Provence rosé und weißer Douro passen gut zu gebratenen oder mit mediterranen Kräutern gegarten Fischen. Soave und Muskateller sind spannende Begleiter von Fischen in der Salzkruste.

Douro branco, *Douro (Portugal)*
€ 2–4   1–4 Jahre   8–10 °C

Muskateller trocken, *Baden (Deutschland)*
€ 2–4   1–3 Jahre   7–10 °C

Soave Classico Superiore, *Venetien (Italien)*
€ 2–3   1–3 Jahre   8–10 °C

Weine für Party und Gartenfest

Die Auswahl eines passenden Weins hängt auch vom Anlass ab. Während sich im Restaurant oder bei einem Festessen die Aufmerksamkeit der Gäste in besonderem Maße auf Wein und Speisen richtet, ist bei der Inszenierung einer Party die Schaffung einer entspannten Atmosphäre das oberste Ziel. Essen und Trinken finden eher beiläufig statt.

JE BUNTER DAS FEST, DESTO LAUTER DIE WEINE

Für eine Party oder ein Gartenfest sollten Sie Weine mit intensiven Aromen oder üppiger Geschmacksfülle auswählen. Solche Weine sind von sich aus schon so »laut«, dass sie trotz Ablenkung viel Genuss bieten. Rotweine dürfen nicht zu viel Tannin haben. Da man bei Partys nicht ständig isst, würden tanninreiche Weine hart schmecken und ein unangenehm raues Gefühl an Zunge und Zähnen hervorrufen (→ S. 8). Zudem ermüden Rotweine viel schneller als Weißweine. Daher sind Weiß- und Schaumweine eigentlich die besseren Partyweine.

Alternative Weinverpackungen können die Organisation einer Fete deutlich erleichtern. Besonders interessant sind sogenannte Bag-in-Box oder Weinschläuche. Die Vorteile liegen auf der Hand: Niemand muss mehr den Korkenzieher suchen, jeder kann seinen Wein einfach selbst zapfen, Reste können noch nach Wochen in Ruhe ausgetrunken werden und der lästige Gang zum Glascontainer entfällt.

DIE PARTYFAVORITEN

SCHAUMWEINE Der bei Partys wohl am häufigsten getrunkene Schaumwein ist Prosecco. Hier ist aber Vorsicht geboten, denn meist verbirgt sich unter der Süße ziemlich viel verdeckte Säure, was dem Magen auf Dauer nicht guttut. Alternativen sind Sekt, Cava,

WEINE FÜR PARTY UND GARTENFEST

Crémant oder Spumante. Wählen Sie die Geschmacksrichtung »brut«, die meist ein ehrlicheres Produkt bezeichnet als »trocken« oder »extra dry«.

WEISSWEINE Sauvignon blanc mit seinem intensiven Duft und erfrischenden Geschmack ist der absolute Partyheld. Auch Riesling eignet sich zum beiläufigen Trinken, doch sollte der Säuregehalt nicht zu hoch sein. Fruchtige Chardonnays ohne Barriqueausbau, vorzugsweise aus Südafrika, Navarra, Italien oder Deutschland, passen ebenfalls sehr gut.

ROTWEINE Wie bereits erwähnt, ist bei Partyrotweinen besonders auf weiche Gerbstoffe und Vollmundigkeit zu achten. Falls es an Ihrem Einkaufsort keine Beratung gibt, greifen Sie am besten zu Dornfelder aus der Pfalz oder Rheinhessen oder zu Merlot und Syrah aus Südafrika, Australien, Südfrankreich oder Navarra.

Fruchtige Weißweine wie Sauvignon und Riesling aus kühl beschlagenen Gläsern sind ideal fürs Sommerfest.

Muscheln im Sud

Miesmuscheln werden in einem Weißwein-Wurzelsud gekocht und mit ihm zusammen serviert. Die Belgier essen Pommes frites dazu, doch ein frisches Baguette passt natürlich auch. Der eigenartig würzige Geschmack der Muscheln steht klar im Vordergrund. Fruchtbetonte Weißweine wie Riesling harmonieren zwar, können aber den Muschelgeschmack etwas dominieren. Daher ist der Griff nach einem neutraleren Wein als Riesling die sichere Lösung.

Rías Baixas
Galizien (Spanien)

 2–3    1–4 Jahre   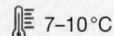 7–10 °C

 Der spritzige Rías Baixas passt mit seinem mineralischen Geschmack ideal zu Meeresfrüchten. Die Alternativweine besitzen mit Ausnahme des aromatischen Entre-Deux-Mers diskrete Aromen.

Muscadet, *Loire (Frankreich)*

€ 1–2   🍷 2–8 Jahre   🌡 8–10 °C

Vinho Verde, *Vinho Verde (Portugal)*

€ 1–2   🍷 1–3 Jahre   🌡 7–10 °C

Entre-Deux-Mers, *Bordeaux (Frankreich)*

€ 1–2   🍷 1–3 Jahre   🌡 7–9 °C

Flusskrebse im Sud

Die kleinen, delikaten Krebse werden in einem Sud aus Weißwein, Wurzelgemüse und Kräutern – darunter meist Dill – gar gekocht und mit ihm serviert. Flusskrebse haben ziemlich weiches Fleisch und nur wenig Fett, daher harmonieren sie gut mit leichteren Weißweinen. Weil ein Flusskrebsessen ein Fest der Aromen ist, müssen auch die begleitenden Weine ein intensives Aroma aufweisen. Die ideale Wahl sind Riesling und Sauvignon blanc.

Riesling trocken
Franken (Deutschland)

 1–3    2–10 Jahre   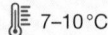 7–10 °C

 Während der Riesling mit seinen Fruchtaromen Harmonie herstellt, bringen die Sauvignons pflanzliche Noten ein. Für eine gelungene Kombination muss der Wein trocken und rassig sein.

Sauvignon blanc, *Württemberg (Deutschland)*

€ 1–3   🍷 1–4 Jahre   🌡 8–10 °C

Sancerre, *Loire (Frankreich)*

€ 1–2   🍷 1–5 Jahre   🌡 8–10 °C

Sauvignon blanc Steirische Klassik, *Steiermark (Österreich)*

€ 1–2   🍷 1–4 Jahre   🌡 8–10 °C

Gekochter Hummer

Das bissfeste Fleisch des Hummers besitzt ein kräftiges, hochfeines Aroma. Um den Geschmack des edlen Krustentiers noch zu verstärken, wird dazu meist eine Sauce auf der Basis angerösteter Hummerschalen, oft mit Kümmel gewürzt, serviert. Das feste, delikate Hummerfleisch benötigt einen kraftvoll-aromatischen, ausdrucksstarken und gleichzeitig sehr feinen Wein als ebenbürtigen Partner. Dieser Aufgabe sind nur hochklassige Tropfen gewachsen.

Puligny-Montrachet
Burgund (Frankreich)

€ 5    3–15 Jahre   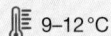 9–12 °C

 Wucht und Finesse verschmelzen beim Puligny-Montrachet zu perfekter Harmonie. Eine günstigere und originelle Alternative dazu ist ein Chardonnay aus dem Jura.

Chardonnay Carneros, *Napa Valley (Kalifornien)*
€ 4–5   🍷 2–5 Jahre   🌡 8–11 °C

Riesling Großes Gewächs, *Rheingau (Deutschland)*
€ 4–5   🍷 3–15 Jahre   🌡 8–11 °C

Grüner Veltliner Smaragd, *Wachau (Österreich)*
€ 3–5   🍷 2–8 Jahre   🌡 8–11 °C

Info Guter Hummer aus dem Fachgeschäft ist ein luxuriöses und leider teures Produkt. Die vermeintlich günstige Tiefkühlware aus dem Supermarkt kann dem Vergleich nicht standhalten.

Garnelen vom Grill

Garnelen, ersatzweise Gambas oder Scampi, haben festes Fleisch und einen intensiven Geschmack. Durch das Garen auf dem Grill, möglichst in der Schale, wird das Aroma noch verstärkt. Oft mariniert man die Krustentiere vor dem Grillen in Olivenöl, Knoblauch und Petersilie, was den mediterranen Charakter des Gerichts hervorhebt. Dazu passen keineswegs nur Gewächse vom Mittelmeer, sondern auch andere kräftige, aromatische Weißweine.

Pouilly-Fumé
Loire (Frankreich)

€ 3–5　　🍷 2–8 Jahre　　🌡 8–11 °C

Wichtigstes Kriterium der Weine ist ihr sommerlich-frischer Charakter. Selbst der Chardonnay besitzt Frische. Die beiden Sauvignons bestechen mit rauchig-mineralischem Feuersteingeschmack.

Sauvignon blanc, *Robertson (Südafrika)*

€ 2–4　　🍷 1–5 Jahre　　🌡 7–10 °C

Chardonnay Barrique, *Südtirol (Italien)*

€ 2–4　　🍷 2–7 Jahre　　🌡 9–11 °C

Rueda, *Kastilien-León (Spanien)*

€ 1–2　　🍷 1–4 Jahre　　🌡 7–10 °C

Paella de marisco

Für diese Variante des berühmten spanischen Gerichts werden Reis und Meeresfrüchte in einer großen Pfanne gegart und mit Safran aromatisiert. Dies ist eine sehr gehaltvolle und würzige Zubereitung, für die im Unterschied zur Paella Valenciana kein Fleisch verwendet wird. Als Begleitung sind kräftige Weine gefragt, die unbedingt auch einen frischen Charakter besitzen und mit den starken Aromen von Safran und Meeresfrüchten harmonieren müssen.

Chardonnay
Penedès (Spanien)

€ 1–3   🍷 1–5 Jahre   🌡 8–10 °C

Chardonnay und Weißburgunder passen mit ihrer Kraft und den dezenten Fruchtaromen sehr gut zur Paella. Savagnin und Manzanilla sind oxidativ ausgebaut und sorgen für aromatische Spannung.

Weißburgunder trocken, *Franken (Deutschland)*

€ 1–3   🍷 1–7 Jahre   🌡 8–10 °C

Savagnin, *Jura (Frankreich)*

€ 2–4   🍷 3–10 Jahre   🌡 9–12 °C

Sherry Manzanilla, *Andalusien (Spanien)*

€ 2–4   🍷 ohne Jahrgang   🌡 8–11 °C

Tintenfischrisotto

Tintenfischrisotto oder Risoto nero besticht durch seine schwarze Farbe und den intensiven Fischgeschmack, was beides von der verwendeten Tinte herrührt. Weil am Schluss kein Parmesan beigefügt wird, ist das Tintenfischrisotto verhältnismäßig leicht. Trotzdem muss ein recht kräftiger Wein ausgewählt werden, denn die kleinen Tintenfische haben ziemlich viel Biss. Die Weinempfehlungen gelten auch für Meeresfrüchterisotto.

Roero Arneis
Piemont (Italien)

 2–3   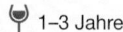 1–3 Jahre   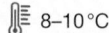 8–10 °C

 Die leichte Bitterkeit des Arneis harmoniert sehr gut mit der Süße des Reises, seine dezente Frucht unterstreicht die Fischaromen. Vermentino bringt südlichere Akzente, Chardonnay Frucht ins Spiel.

Pinot grigio, *Friaul (Italien)*

 1–2   🍷 1–3 Jahre   🌡 8–10 °C

Vermentino di Sardegna, *Sardinien (Italien)*

€ 1–2   🍷 1–3 Jahre   🌡 7–10 °C

Chardonnay trocken, *Württemberg (Deutschland)*

€ 1–3   🍷 1–5 Jahre   🌡 8–11 °C

FISCH UND WEIN

Spaghetti vongole

Pasta, Olivenöl, Petersilie, Muschelfond (→ S. 62) und knackige Herzmuscheln: In diesem italienischen Klassiker vereint sich feiner Nudelgeschmack mit der Frische des Meeres. Die sublimen Aromen und die kernige Struktur des Gerichts fordern einen Weißwein, der das zarte Aromenspiel nicht aus dem Gleichgewicht bringt und trotzdem standfest ist. Bei Weinen, die im Barrique ausgebaut wurden, sollte sichergestellt werden, dass sie nicht nach Holz schmecken.

Soave Classico Superiore
Venetien (Italien)

€ 1–3   🍷 1–4 Jahre   🌡 8–10 °C

Der Soave mit seinen feinfruchtigen Aromen und der soliden, mineralischen Struktur ist ideal. Müller-Thurgau ist eine interessante würzige Alternative, Friulano setzt erfrischend bittere Akzente.

Müller-Thurgau, *Südtirol (Italien)*

€ 1–2   🍷 1–3 Jahre   🌡 7–10 °C

Friulano, *Friaul (Italien)*

€ 1–2   🍷 1–3 Jahre   🌡 8–10 °C

Montlouis, *Loire (Frankreich)*

€ 2   🍷 2–8 Jahre   🌡 9–12 °C

Info Käse und Meeresfrüchte passen nicht zusammen. Deshalb wird zu Pasta mit Meeresfrüchten in Italien nie Parmesan angeboten. Auch Meeresfrüchterisotto wird immer ohne Käse zubereitet.

Sushi

Bei uns werden aus der riesigen Sushivielfalt meist nur Maki-Sushi, Nigiri-Sushi und Sashimi angeboten. Aber selbst diese beschränkte Auswahl bietet einen enormen Variantenreichtum. Sushi werden überwiegend mit Fisch zubereitet. Mit Sojasauce und Wasabi kann individuell nachgewürzt werden. Eingelegte Ingwerscheiben helfen beim Neutralisieren zwischen den einzelnen Happen. Die Vielfalt der Zutaten macht die Weinauswahl schwierig.

Riesling feinherb
Mosel (Deutschland)

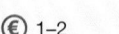 1–2 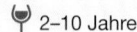 2–10 Jahre 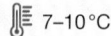 7–10 °C

 Riesling mit einem Hauch Restsüße besitzt die perfekte Struktur für Sushi, darf aber nicht zu fruchtbetont ausfallen. Saumur und Vouvray unterstreichen vor allem die Meeres- und Fischaromen.

Saumur blanc, *Loire (Frankreich)*
 2–3 2–10 Jahre 8–11 °C

Vouvray sec-tendre, *Loire (Frankreich)*
 2–3 1–4 Jahre 7–10 °C

Verdicchio dei Castelli di Jesi, *Marken (Italien)*
 1–2 1–3 Jahre 8–10 °C

GEFLÜGEL UND WEIN

Geflügel guter Qualität hat mehr Eigengeschmack als andere Fleischsorten. Deswegen richtet sich die Weinauswahl vor allem nach der Geflügelart. Natürlich muss man auch die Art der Zubereitung berücksichtigen, aber sie ist nicht so entscheidend wie bei anderen Speisen. Sehr leichte und säurebetonte Weine passen nicht besonders gut zu Geflügel. Der Wein sollte mindestens 13 Prozent Alkohol haben.

Brathähnchen

Das zarte, saftige Fleisch des Brathähnchens besitzt ein feines Aroma und ziemlich viel Süße. Zudem ist es bindegewebs- und fettarm. Während des Bratens im Ofen bildet sich eine würzige Bratenkruste. Am besten passt dazu ein körperreicher, möglichst im Holz ausgebauter Weißwein. Wird das Hähnchen mit einer Sauce serviert, kann auch ein tanninarmer Rotwein ein sehr guter Partner sein. Ideal geeignet ist ein Spätburgunder bzw. Pinot noir.

Mâcon-Villages
Burgund (Frankreich)

€ 1–2   🍷 1–5 Jahre   🌡 9–12 °C

Ein Chardonnay aus dem Südburgund von seidiger Struktur und kräftigem Geschmack. Mit seiner Fülle und milden Säure nimmt er den Geschmack des aromatischen Fleischs perfekt auf.

Chardonnay trocken, *Rheinhessen (Deutschland)*

€ 1–4   🍷 1–5 Jahre   🌡 8–10 °C

Spätburgunder trocken, *Baden (Deutschland)*

€ 2–4   🍷 1–8 Jahre   🌡 14–17 °C

Beaune, *Burgund (Frankreich)*

€ 3–4   🍷 2–10 Jahre   🌡 15–17 °C

Info Die Qualität des Geflügels ist für die Güte dieses Gerichts von allergrößter Bedeutung. Verwenden Sie nur Tiere aus Freilandhaltung, z. B. die mit dem Label Rouge ausgezeichneten Hühner aus Frankreich.

Backhendl

Die panierten, im Öl oder – besser – in geklärter Butter knusprig ausgebackenen Hähnchenteile ergeben ein schlichtes, aber köstliches Mahl. Doch gerade bei einfachen Zubereitungsarten muss man auf allerbeste Zutaten achten, denn hier kommt die Produktqualität besonders stark zur Geltung. Bei diesem Gericht verleiht die goldbraune Panade dem Hendl viel Geschmack und angenehmen Biss. Am besten passt hier ein kräftiger Weißwein mit feinen Fruchtaromen.

Grüner Veltliner DAC
Weinviertel (Österreich)

€ 1–2   🍷 1–4 Jahre   🌡 8–10 °C

 Der Grüne Veltliner hat beachtliches Volumen und genug Säure, um nicht plump zu wirken. Der fruchtige Riesling belebt das Gericht, Weißburgunder und Morillon passen sich an.

Riesling trocken, *Pfalz (Deutschland)*

€ 1–3   🍷 2–6 Jahre   🌡 7–10 °C

Weißburgunder trocken, *Baden (Deutschland)*

€ 1–3   🍷 1–4 Jahre   🌡 8–10 °C

Morillon, *Steiermark (Österreich)*

€ 1–2   🍷 1–4 Jahre   🌡 8–10 °C

Gänse- und Entenbraten

Diese traditionellen Herbst- und Wintergerichte sind kulinarische Schwergewichte. Mit ihrem fettreichen und kräftigen, eher bindegewebsreichen Fleisch brauchen Gänse- und Entenbraten unbedingt gerbstoff- und alkoholstarke Rotweine. Oft wird Spätburgunder empfohlen, doch sind dessen Gerbstoffe viel zu zahm. Rotweine aus Südwestfrankreich passen viel besser. Sie sollten mindestens eine halbe Stunde vor dem Servieren karaffiert (→ S. 14) werden.

Madiran
Gascogne (Frankreich)

€ 2–4   ♀ 4–20 Jahre   🌡 16–18 °C

Madiran, überwiegend aus Tannat gekeltert, hat enorme Tanninfülle und urwüchsigen Geschmack. Ähnlich im Charakter ist der Cahors. Malbec und Carmenère sind milder und vollmundiger.

Cahors, *Lot (Frankreich)*

€ 2–4   ♀ 5–30 Jahre   🌡 16–18 °C

Malbec, *Mendoza (Argentinien)*

€ 1–4   ♀ 2–10 Jahre   🌡 16–18 °C

Carmenère, *Aconcagua (Chile)*

€ 1–3   ♀ 3–7 Jahre   🌡 15–17 °C

GEBRATENES

Gebratene Entenbrust

Das feste Entenfleisch enthält viel Bindegewebe und ist fettreich. Daher beschränkt sich die Weinwahl auf kräftige, tanninreiche Rotweine. Besonders zarte Entenbrüste, die perfekt auf den Punkt gebraten sind und von einer mit Früchten (z. B. Kirschen oder Cassis) zubereiteten Sauce begleitet werden, harmonieren auch gut mit jüngeren Weinen aus dem Burgund. Spätburgunder aus Deutschland, Österreich und der Schweiz dagegen haben meist zu sanfte Tannine für die herzhafte Entenbrust.

Douro
Douro (Portugal)

 2–4 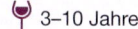 3–10 Jahre 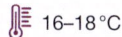 16–18 °C

 Die trockenen Weine des Dourotals besitzen neben fülligem Geschmack und kräftigen Tanninen auch Kirschnoten, die gut zur Ente passen. Maranges ist ein gerbstoffbetonter, preiswerter Burgunder.

Priorat, *Katalonien (Spanien)*
€ 3–5  3–15 Jahre 16–18 °C

Pinotage, *Paarl (Südafrika)*
€ 1–3  2–5 Jahre 16–18 °C

Maranges, *Burgund (Frankreich)*
€ 2–3  2–10 Jahre 15–17 °C

Gebratener Wildfasan

Je länger das Fleisch des Wildfasans reift, desto stärker wird der Wildgeschmack. Durch langes Abhängen entsteht ein besonders aromatisches Produkt mit mürber Struktur. Werden neutraler schmeckende Zuchtfasane verwendet, sollten die Weine weniger intensiv sein. Die klassische Garnitur von Wildfasan ist eine Sauce mit Muskatellertrauben. Dazu passen sowohl Weiß- wie auch Rotweine. Wird Sauerkraut dazu gereicht, passt Weißwein allerdings besser.

Gewürztraminer trocken
Pfalz (Deutschland)

€ 2–3   2–6 Jahre   9–12 °C

Gewürztraminer passt zu Wild mit Sauerkraut. Der Muscat greift das Fruchtige der Muskatellertrauben-Sauce auf. Die beiden Spätburgunder passen, weil sie sanft und fruchtig sind.

Muscat sec, *Languedoc (Frankreich)*

€ 1–2   1–2 Jahre   7–10 °C

Spätburgunder trocken, *Ahr (Deutschland)*

€ 2–4   1–4 Jahre   14–16 °C

Blauburgunder, *Graubünden (Schweiz)*

€ 3–5   2–10 Jahre   14–16 °C

Info Viele sogenannte Wildfasane stammen aus Zuchten und werden unmittelbar vor dem Abschuss freigelassen. Ihr Fleisch schmeckt im Vergleich zu echtem Wildgeflügel ausgesprochen fad.

Gebratene Wachtel

Weil das zarte Fleisch der kleinen Vögel schnell trocken wird, brät man sie nicht scharf an. Auf diese Weise entsteht praktisch keine Bratenkruste, die zu kräftigen Rotweinen passen würde. Daher wählt man je nach Garnitur einen nicht zu schweren Weißwein oder einen leichten Rotwein. Werden zur Wachtel Sahnesauce und Pilze gereicht, harmonieren kraftvolle Weißweine, mit Speck oder Linsen als Beilage auch mittelschwere Rotweine.

Weißburgunder trocken
Südtirol (Italien)

 1–2   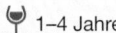 1–4 Jahre   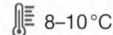 8–10 °C

 Weißburgunder aus Südtirol passt ideal zu Wachteln. Silvaner und Gutedel schmecken zu leichten Zubereitungen. Beim Rotwein ist der fruchtig-zarte Schwarzriesling erste Wahl.

Silvaner trocken, *Franken (Deutschland)*
€ 1–2   🍷 2–5 Jahre   🌡 8–10 °C

Gutedel trocken, *Baden (Deutschland)*
€ 1–2   🍷 1–3 Jahre   🌡 8–10 °C

Schwarzriesling trocken, *Württemberg (Deutschland)*
€ 1–2   🍷 2–4 Jahre   🌡 14–16 °C

Syrah zum Kebab

Das Fastfoodangebot ist vielfältig und wird laufend durch neue Ideen bereichert. Man könnte nun denken, dass Wein auf keinen Fall zu dieser Art von Nahrung passt – und schon gar nicht zu der Art und Weise, wie sie oft verzehrt wird. In Wirklichkeit gibt es jedoch eine ganze Reihe typischer Fastfoodprodukte, die hervorragend mit Wein harmonieren.

GESCHMACKSEIGENSCHAFTEN VON FASTFOOD

Die meisten Fastfoodgerichte bestehen zu einem mehr oder weniger großen Teil aus Fleisch. Andere sind ganz vegetarisch und einige werden mit Fisch zubereitet. Alle aber sind auf den Durchschnittskonsumenten ausgerichtet und haben klar erkennbare Gemeinsamkeiten. So ist immer eine süße Geschmackskomponente vorhanden, ebenso eine fruchtige Aromenfülle. Die Struktur der einzelnen Komponenten ist eher weich, die Saucen sind reich und cremig, was ein geschmeidiges Mundgefühl hervorruft. Aus diesen Gemeinsamkeiten können bereits Weineigenschaften abgeleitet werden, die hervorragend mit diesen Gerichten harmonieren.

VOLLMUNDIGE ÜBERSEEWEINE SIND ERSTE WAHL

Weine, die mit Fastfood harmonieren, müssen körperreich sein, dazu eine ausgeprägt fruchtige Aromatik und einen moderaten Säuregehalt aufweisen. Sie sollten trocken, aber nicht zu herb sein. Betonte Mineralität ist hier ebenso unerwünscht wie kräftige Tannine. Das führt uns zu einem Weintyp, der am häufigsten in Übersee erzeugt wird.

Zu einem Hamburger passt Cabernet Sauvignon aus Kalifornien, Chile, Argentinien, Südafrika oder Westaustralien sehr gut. Tortillas, Tacos, Fajitas, Burritos und Enchiladas sind häufig pikant abgeschmeckt und brauchen daher noch vollmundigere Weine. Ideal sind Zinfandel, argentinischer Malbec oder australischer Shiraz. Ein guter Kebab oder Lahmacun verträgt einen sehr würzigen Rotwein wie Primitivo, Pinotage, Syrah oder Merlot. Falafel, frittierte Kichererbsenbällchen, passen sehr gut zu weichen Chardonnays oder Grauburgundern mit mindestens 13 Prozent Alkohol. Zu Wraps mit Scampi, Thunfisch und anderen Fischen empfiehlt sich ein vollmundiger Sauvignon blanc oder ein Chardonnay ohne Holzgeschmack. Baguette-Sandwiches harmonieren sehr gut mit kräftigen Chardonnays und mit Sauvignon blanc.

Einige Fastfoodgerichte können sich aber beim besten Willen nicht mit Wein anfreunden. Dazu zählen Fish and Chips, fast alle Bratwurstsorten und Currywurst. In diesen Fällen geht nichts über ein frisches Bier.

Auch verwöhnte Gaumen genießen mal Fastfood. Warum nicht einen fruchtigen Rotwein zum saftigen Hamburger?

Geflügelragout

Zarte Geflügelstückchen werden zusammen mit Spargel und Champignons in einer Geflügelbrühe gegart und diese dann mit Sahne und Mehl gebunden. Oft werden auch grüne Erbsen als Zutat verwendet. Die klassische Beilage ist Reis. Dieses Essen besitzt eine reiche, cremige Struktur, das Fleisch ist weich, die Aromen sind zart. Insgesamt herrscht eine gewisse Süße vor. Zum Geflügelragout passen am besten kraftvolle Weißweine mit dezenter Säure.

Grauburgunder trocken
Baden (Deutschland)

€ 1–3   ♟ 2–6 Jahre   🌡 9–11 °C

Die meisten badischen Grauburgunder besitzen nussige Aromen, die hervorragend mit dem Ragout harmonieren. Weißburgunder, Chardonnay und Silvaner bringen etwas fruchtigere Akzente ein.

Chardonnay trocken, *Pfalz (Deutschland)*

€ 2–3   ♟ 2–5 Jahre   🌡 9–11 °C

Silvaner trocken, *Rheinhessen (Deutschland)*

€ 1–2   ♟ 1–4 Jahre   🌡 8–10 °C

Weißburgunder trocken, *Burgenland (Österreich)*

€ 1–2   ♟ 1–5 Jahre   🌡 8–11 °C

Coq au vin

Für den Klassiker aus Burgund mariniert man einen in Stücke geschnittenen Hahn in rotem Burgunder und schmort ihn anschließend in der Marinade. Zum Schluss werden Perlzwiebeln, Champignons und Speckwürfel hinzugefügt. Eine besonders delikate Variante aus der Franche Comté ist der Coq au vin jaune. Hier wird der Hahn im typischen oxidativen Weißwein aus dem Jura zusammen mit Morcheln und Crème fraîche geschmort.

Bourgogne Pinot Noir
Burgund (Frankreich)

€ 2–3   🍷 2–10 Jahre   🌡 15–17 °C

Zum Coq au vin passt fast jeder Pinot noir. Der Wein sollte eine samtige, nicht zu gerbstoffbetonte Struktur haben. Savagnin und Chardonnay harmonieren hervorragend mit dem Coq au vin jaune.

Pinot noir, *Willamette Valley (Oregon)*

€ 3–5   🍷 3–10 Jahre   🌡 15–17 °C

Savagnin, *Jura (Frankreich)*

€ 2–4   🍷 4–10 Jahre   🌡 9–12 °C

Chardonnay, *Navarra (Spanien)*

€ 1–2   🍷 1–3 Jahre   🌡 8–10 °C

Ente süßsauer

Entenbruststreifen mit Gemüse in einer süßsauer-pikanten Sauce ist eine der beliebtesten Speisen der chinesischen Küche. Sie vereint die pikante Frische der fruchtigen Sauce mit der festen Struktur des Entenfleischs. Bei der Weinauswahl müssen gewohnte Pfade verlassen werden, denn zur Ente passen nur Rotweine und zur süßsauren Sauce nur restsüße Weißweine. Weil hier die Zubereitungsart den Charakter des Gerichts bestimmt, wird der Wein auf die Sauce abgestimmt.

Riesling Spätlese halbtrocken
Rheinhessen (Deutschland)

 2–3    2–10 Jahre   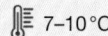 7–10 °C

 Je schärfer das Gericht ist, desto süßer muss der dazu ausgewählte Wein sein. Rotweine schmecken zu süßsauren Speisen bitter. Als Alternative ist der halbtrockene Rosé d'Anjou zu empfehlen.

Riesling Kabinett, *Rheingau (Deutschland)*

€ 1–2   Y 2–6 Jahre   🌡 7–10 °C

Scheurebe Spätlese, *Baden (Deutschland)*

€ 2–3   Y 2–6 Jahre   🌡 7–10 °C

Rosé d'Anjou, *Loire (Frankreich)*

€ 1–2   Y 1–2 Jahre   🌡 7–10 °C

Tandoori-Huhn

Hühnerteile werden in Tandoori Masala (indische Gewürzmischung) und Joghurt mariniert, je nach Vorliebe pikant bis sehr scharf, und anschließend samt Marinade gebacken. Der Geschmack des Gerichts wird durch die Intensität und Schärfe der Gewürze geprägt. Die Süße des Hühnerfleischs und die dezente Säure des Joghurts bauen einen geschmacklichen Spannungsbogen auf, der vom Wein möglichst aufgenommen werden sollte.

Riesling halbtrocken
Nahe (Deutschland)

€ 1–3   1–10 Jahre   7–10 °C

Zum scharfen Tandoori-Huhn passen halbtrockene Weine. Rotweinliebhaber sollten halbtrockenen Lambrusco probieren, diesen aber unbedingt im Fachhandel kaufen.

Chardonnay, *Aconcagua (Chile)*
€ 1–2   1–3 Jahre   8–10 °C

Gewurztraminer, *Elsass (Frankreich)*
€ 2–4   1–5 Jahre   9–12 °C

Lambrusco, *Emilia-Romagna (Italien)*
€ 1–2   1–2 Jahre   12–14 °C

FLEISCH UND WEIN

Die Faustregel, wonach zu rotem Fleisch nur roter und zu weißem Fleisch ausschließlich weißer Wein passt, ist überholt und muss endlich über Bord geworfen werden. Entscheidend ist nicht die Farbe des Fleischs, sondern die Art der Zubereitung. Mit gekochtem Fleisch harmoniert am besten Weißwein. Erhält das Fleisch beim Grillen, Braten oder Schmoren eine Bratenkruste, kommt nur noch Rotwein in Frage.

Gebratenes Schweinekotelett

Meist wird Schweinekotelett natur oder paniert in geklärter Butter gebraten. Der Rippenknochen gibt beim Braten Aroma ab und trägt dazu bei, dass das Fleisch saftig bleibt. Durch das Panieren wird das Kotelett zudem aromatischer. Ideale Begleiter sind kräftige, fruchtige Weißweine. Wer lieber Rotwein mag, wählt ein Mitglied der Pinot-Familie aus. Deren Frucht setzt wie beim Weißwein schöne Akzente zum würzigen Schweinefleisch.

Weißburgunder trocken
Baden (Deutschland)

€ 1–3   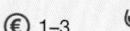 2–5 Jahre   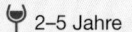 8–11 °C

 Alle drei Weißweine passen gleich gut. Sie haben kräftige Struktur, fruchtige Aromen und genügend Alkohol. Samtrot, ein Cousin des Spätburgunders, ist fruchtig und hat feine Tannine.

Riesling Smaragd, *Wachau (Österreich)*

€ 3–4   2–8 Jahre   8–10 °C

Mâcon blanc, *Burgund (Frankreich)*

€ 2–3   2–15 Jahre   9–12 °C

Samtrot trocken, *Württemberg (Deutschland)*

€ 2–3   2–6 Jahre   14–16 °C

Schweinebraten

Knusprig krachende Schwartenkruste, kümmelwürzige Sauce, saftig aromatisches Bratenfleisch, Knödel: Das ist große Küche und ein heutzutage seltener Augenblick irdischen Glücks. Und das Glück lässt sich noch steigern, indem man dem Schweinebraten statt eines guten Biers, das natürlich immer passt, einen Spätburgunder zur Seite stellt, dessen betonte, feine Fruchtigkeit einen spannenden Kontrapunkt zum würzigen Fleisch setzt.

Spätburgunder trocken
Ahr (Deutschland)

€ 2–3  2–5 Jahre 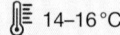 14–16 °C

 Weine der Burgundersorten passen fast immer zu Schweinefleisch. Beim Schweinebraten ist die Kombination geradezu perfekt. Wichtig sind samtige Gerbstoffe und ausgeprägte Fruchtaromen.

Frühburgunder trocken, *Franken (Deutschland)*
€ 2–5 2–10 Jahre  15–17 °C

Samtrot trocken, *Württemberg (Deutschland)*
€ 2–3  2–6 Jahre 14–16 °C

Schwarzriesling trocken, *Württemberg (Deutschland)*
€ 1–2 1–4 Jahre  14–16 °C

Wok-Schweinefleisch mit Senfkohl

Im Wok werden die Zutaten unter ständiger Bewegung bei sehr großer Hitze in kürzester Zeit gegart. So bleibt das Gemüse knackig und das Fleisch saftig. Außer der Chilischärfe spielt bei Wokgerichten oft der charakteristische Sojasaucengeschmack eine maßgebliche Rolle. Als gute Begleiter erweisen sich körperreiche Weißweine mit unterschwelliger Süße. Wählt man einen zu säurereichen Wein, überlagern sich Wein und Senfkohl gegenseitig im Geschmack.

Grüner Veltliner Smaragd
Wachau (Österreich)

 2–4   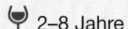 2–8 Jahre   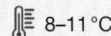 8–11 °C

 In der Qualitätsstufe Smaragd fallen Veltliner wuchtig aus. Ihr mächtiger Geschmack besitzt einen süßlichen Schmelz, der selbst pikant gewürzten Speisen die Stirn bieten kann.

Condrieu, *Rhône (Frankreich)*

€ 4–5   🍷 2–10 Jahre   🌡 9–12 °C

Chardonnay, *Sonoma Valley (Kalifornien)*

€ 3–5   🍷 2–5 Jahre   🌡 9–12 °C

Anjou blanc, *Loire (Frankreich)*

€ 2–4   🍷 2–8 Jahre   🌡 9–12 °C

SCHWEIN UND KALB

Wiener Schnitzel

Der beliebte Klassiker der österreichischen und deutschen Küche wird leider oft in schlechter Qualität angeboten. Steht er aber in einem wirklich guten Restaurant auf der Karte, sollten Sie unbedingt zugreifen. Das zarte Kalbfleisch wird von der locker-knusprigen, nussigen Panade saftig gehalten. Ein Spritzer Zitrone frischt den leicht buttrigen Duft dieser königlichen Speise auf. Dazu ein Glas Riesling und Sie sind dem Himmel ein Stück näher.

Riesling trocken
Rheingau (Deutschland)

 2–4    2–10 Jahre   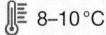 8–10 °C

 Die solide Struktur der Rieslinge des östlichen Rheingaus geht mit dem zarten Kalbfleisch eine perfekte Verbindung ein. Frische, nicht allzu fruchtige Aromen setzen Akzente.

Grüner Veltliner, *Weinviertel (Österreich)*

€ 1–3    1–3 Jahre   🌡 8–10 °C

Weißburgunder trocken, *Württemberg (Deutschland)*

€ 2–3    1–4 Jahre   🌡 9–11 °C

Grauburgunder trocken, *Nahe (Deutschland)*

€ 2–3   ♀ 1–4 Jahre   🌡 9–11 °C

FLEISCH UND WEIN

Ossobuco

Das kräftige, bindegewebsreiche Fleisch, die fruchtige Sauce, die zitronenduftige Gremolata und das zarte Knochenmark im Inneren der Beinscheiben verleihen diesem rustikalen italienischen Schmorgericht Aromen und Strukturen von seltener Vielfalt. Auch das begleitende Risotto trägt zu diesem Geschmacksbild bei. Ein finessenreicher Wein wäre hier hoffnungslos überfordert. Gefragt ist stattdessen ein bodenständiger Roter mit viel Fruchtaroma.

Montepulciano d'Abruzzo
Abruzzen (Italien)

€ 1–3   🍷 2–5 Jahre   🌡 15–17 °C

Im intensiv fruchtigen Bukett des Montepulciano d'Abruzzo geben Veilchen und Rosen den Ton an. Barbera hat kantige Struktur und Kirschenduft. Zweigelt und Merlot sind üppig und weich.

Barbera d'Asti, *Piemont (Italien)*

€ 1–4   🍷 3–8 Jahre   🌡 15–17 °C

Zweigelt, *Burgenland (Österreich)*

€ 1–3   🍷 2–7 Jahre   🌡 15–17 °C

Merlot, *Maule (Chile)*

€ 1–3   🍷 2–5 Jahre   🌡 16–18 °C

Rindersteak

Ein Steak ruft geradezu nach kraftvollen, eleganten Rotweinen. Ideale Begleiter sind die rassigen roten Bordeauxweine aus dem Médoc. Auch die meisten andern Weine aus der Rebsorte Cabernet Sauvignon passen sehr gut. Die mit robusten Tanninen und frischer Säure ausgestatteten Gewächse sind für sich allein getrunken oft alles andere als charmant, doch in Verbindung mit einem saftigen Steak offenbaren sie ungeahnte Qualitäten.

Médoc Cru bourgeois
Bordeaux (Frankreich)

€ 2–5   ♀ 3–15 Jahre   🌡 15–17 °C

Die Zauberformel für elegante Médocs lautet: viel Cabernet Sauvignon, dazu etwas Merlot und Cabernet franc. Die Alternativweine sind ebenfalls rassige, säure- und gerbstoffbetonte Rote.

Chianti Classico, *Toskana (Italien)*
€ 2–4   ♀ 3–10 Jahre   🌡 15–17 °C

Blaufränkisch trocken, *Burgenland (Österreich)*
€ 1–4   ♀ 2–7 Jahre   🌡 15–17 °C

Saumur-Champigny, *Loire (Frankreich)*
€ 1–4   ♀ 2–10 Jahre   🌡 14–16 °C

Gulasch

Schmorgerichte werden aus bindegewebsreichem, festem Fleisch zubereitet. Das Schmoren ist eine Garmethode, mit der selbst zähe Stücke einigermaßen mürbe werden. Dabei entstehen intensive Aromen, die durch großzügiges Würzen, vor allem mit Paprika, noch verstärkt werden. Die Bindung der reichhaltigen Sauce entsteht durch die mitgeschmorten Zwiebeln. Für die Weinwahl ist die Zubereitungsart, nicht die Fleischart ausschlaggebend.

Szekszárdi Kékfrankos
Szekszárdi (Ungarn)

€ 1–3   ♀ 2–8 Jahre   🌡 16–18 °C

 Alle genannten Weine sind kraftvoll und fruchtig. Sie zeichnen sich durch viel Volumen und Alkohol aus. Feingliedrige, finessenreiche Rotweine wären dem Gulasch nicht gewachsen.

Malbec, *Mendoza (Argentinien)*

€ 1–3   ♀ 2–8 Jahre   🌡 16–18 °C

Carignano del Sulcis, *Sardinien (Italien)*

€ 2–3   ♀ 2–5 Jahre   🌡 16–18 °C

Shiraz, *Paarl (Südafrika)*

€ 1–3   ♀ 2–8 Jahre   🌡 16–18 °C

Tafelspitz

Auch in der deutschen Küche wird gekochtes Rindfleisch (Tellerfleisch, Suppenfleisch, Ochsenbrust) oft serviert, doch seine Vollendung erfährt dieser Klassiker in Österreich, wo er als Tafelspitz auf den Tisch kommt. Das gekochte Rindfleisch wird mit seiner Brühe serviert, dazu gibt es Schnittlauchsauce, Apfelkren (Apfelmeerrettich) und Röstkartoffeln. Weil das Fleisch keine Bratenkruste hat, muss unbedingt Weißwein dazu gereicht werden.

Grüner Veltliner trocken
Kremstal (Österreich)

 1–2   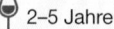 2–5 Jahre   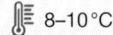 8–10 °C

 Garmethode und Beilagen des Tafelspitz fordern einen Weißwein als Begleiter. Stilecht sind Grüner Veltliner und Gemischter Satz aus Wien. In jedem Fall sollten die Weine nicht zu leicht sein.

Gemischter Satz, *Wien (Österreich)*

 1–3   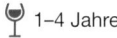 1–4 Jahre   8–10 °C

Silvaner trocken, *Rheinhessen (Deutschland)*

 1–2   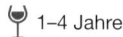 1–4 Jahre   8–10 °C

Auxerrois trocken, *Baden (Deutschland)*

 1–2    1–3 Jahre    8–10 °C

Rinderbraten

Durch das scharfe Anbraten zu Beginn des Garvorgangs bildet der Rinderbraten eine aromatische Bratenkruste, die wesentlich zum Charakter dieses Gerichts beiträgt. Eine dunkle Sauce, basierend auf gerösteten Rinderknochen und Gemüse, steuert geschmackliche Fülle und würzige Aromen bei. Der oft dazu gereichte Rotkohl ist mit seinem fruchtig-würzigen Charakter eine ideale Ergänzung. Je kräftiger das Fleisch angebraten wurde, desto schwerer darf der begleitende Wein sein.

Lemberger trocken
Württemberg (Deutschland)

 2–4   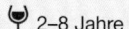 2–8 Jahre    14–16 °C

 Gefragt sind hier Rote mit kräftiger Struktur, samtigen Tanninen und ausgeprägter Frucht. Von allen vier Weinen gibt es auch leichte Ausführungen, kaufen Sie aber unbedingt die kräftigen.

Dornfelder trocken, *Pfalz (Deutschland)*

€ 1–2   🍷 1–3 Jahre   🌡 14–16 °C

St. Laurent, *Velké Pavlovice (Tschechien)*

€ 1–2   🍷 2–6 Jahre   🌡 14–16 °C

Zweigelt, *Neusiedlersee (Österreich)*

€ 1–3   🍷 1–6 Jahre   🌡 15–17 °C

Rinderrouladen

Die Fleischrollen mit Senf und Gewürzgurke werden scharf angebraten und anschließend bei schwacher Hitze weich geschmort. Die Sauce, bestehend aus dem Bratensaft und dem pürierten Schmorgemüse, wird manchmal mit Sahne verfeinert. Zwischen den pikantwürzigen Rouladen und der sämigen, hellen Sauce mit leicht süßlicher Note entwickelt sich eine schöne Spannung, die von gerbstoffbetonten Rotweinen perfekt aufgenommen wird.

Fronsac
Bordeaux (Frankreich)

 2–3    2–10 Jahre   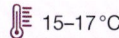 15–17 °C

 Die auf Merlot basierende Rotweincuvée aus Fronsac greift ebenso wie der Gattinara die würzige Note der Rouladen auf. Gaillac und Rioja bringen Frucht, Frische und Lebendigkeit ein.

Gaillac, *Tarn (Frankreich)*

€ 1–2    2–6 Jahre   15–17 °C

Gattinara, *Piemont (Italien)*

€ 2–3    4–10 Jahre   16–18 °C

Rioja Crianza, *La Rioja (Spanien)*

€ 1–3    1–6 Jahre    15–17 °C

Sauce und Wein

Oft entscheidet die Sauce über die Gesamtqualität einer Speise. Daher wird bis zu ihrer Vollendung geröstet, geschmort, reduziert, was das Zeug hält. Es wird gewürzt, mit Wein aufgefüllt, mit edelsten Zutaten verfeinert und noch einmal konzentriert, sodass das Ergebnis manchmal nicht viel mehr als ein Klecks auf dem Teller ist. Aber dieser Klecks ist ein Geschmackskonzentrat, das es in sich hat. Er ist das Bindeglied zwischen den einzelnen Komponenten eines Gerichts.

DUNKLE SAUCE – DUNKLER WEIN

Eine dunkle Sauce entsteht durch intensives Rösten der Zutaten und die Verwendung von Rotwein. Beides gibt bei der Weinauswahl ganz klar den Ton an: Hier kommt nichts anderes als Rotwein in Frage. In der Regel werden dunkle Saucen nur zu kräftig gebratenem Fleisch gereicht, dessen Bratenkruste (→ S. 7) auch nach Rotwein verlangt.
Helle Saucen enthalten fast keine Röststoffe, denn sie werden mit Weißwein und Sahne gekocht. Dazu passt Weißwein einfach am besten. Ausnahmen sind helle, würzige Steaksaucen wie Roquefortsauce und Sauce béarnaise, die zu Rotwein viel besser schmecken. Wichtig bei der Feinabstimmung mit dem Wein ist der Fettgehalt der Sauce. Während Saucen mit geringem Fettgehalt mit leichteren Weinen kombiniert werden können, brauchen fettreiche Sahnesaucen einen alkoholreichen Wein. Emulsionen wie Mayonnaise bestehen zum großen Teil aus Fett, ihnen muss unbedingt ein schwerer Wein zur Seite gestellt werden.

ÜPPIGE SCHWERGEWICHTE ZUR GRILLSAUCE

Eine besondere Stellung nehmen Grillsaucen ein. Sie werden oft auf Tomatenbasis, manchmal auch aus Mayonnaise hergestellt und meist kalt zum Grillsteak

SAUCE UND WEIN

verzehrt. Ihre Textur ist immer cremig, sie besitzen meistens eine deutliche Süße und relativ viel Säure. Häufig sind Fruchtaromen mit im Spiel und natürlich jede Menge Gewürze. Das hinterlässt einen vollmundigen Eindruck, der fast immer von einer intensiven bis feurigen Schärfe begleitet wird.
Die dazupassenden Weine müssen rot, sehr kraftvoll und vollmundig sein. Rote Schwergewichte wie kalifornischer Zinfandel, Shiraz aus Australien oder Südafrika und üppiger Malbec aus Argentinien sind ideal. Meist besitzen diese Weine etwas Restsüße, die im Verbund mit ihrer Frucht und üppigen Struktur die Schärfe von Grillsaucen gut pariert. Legen Sie die Flaschen vor dem Öffnen ruhig eine Weile ins Eis, eine leichte Kühlung der feurigen Rotweine ist ganz besonders während der Grillsaison von Vorteil.

Zum Ansetzen einer Sauce sind einfache Weine die beste Wahl, auch wenn viele Rezepte anders lauten.

Chili con carne

Dieser Eintopf aus dem Südwesten Nordamerikas ist ein ideales Gericht für eine gesellige Runde. Es gibt ihn in vielen Varianten, mit und ohne Bohnen. Geprägt sind sie alle von der Schärfe der Chilischoten, den intensiven Gewürzaromen des Kreuzkümmels und des mexikanischen Oreganos sowie einer sämigen Struktur. Es wird meistens Rindfleisch verwendet, gehackt oder in kleine Würfel geschnitten, aber auch Schweinefleisch und Wild sind erlaubt.

Cabernet-Shiraz
South Australia (Australien)

€ 1–2   🍷 2–4 Jahre   🌡 16–18 °C

 Die Chilischärfe wird nicht wie in der asiatischen Küche mit Säure und Bitterkeit verstärkt, sondern mit einer sämigen Süße gemildert. Dazu passen voluminöse, milde Rotweine mit viel Frucht.

Zinfandel, *Lodi (Kalifornien)*

€ 1–3   🍷 2–5 Jahre   🌡 16–18 °C

Tempranillo, *Baja California (Mexiko)*

€ 2–3   🍷 2–5 Jahre   🌡 15–17 °C

Collioure, *Roussillon (Frankreich)*

€ 2–4   🍷 3–10 Jahre   🌡 15–17 °C

Spaghetti bolognese

Zu der würzigen Hackfleischsauce, den bissfest gekochten Spaghetti und dem frisch geriebenen aromatischen Parmesankäse schmecken robuste Rotweine mit lebendig-frischem Geschmacksbild am besten. In der italienischen Speisenfolge gehören Pasta und Risotto zu den Primi piatti, den ersten Hauptgängen, die vor den Fleischgerichten serviert werden, doch außerhalb Italiens haben sie sich inzwischen als eigenständige Hauptgerichte etabliert.

Chianti Classico
Toskana (Italien)

€ 2–3   🍷 2–8 Jahre   🌡 15–17 °C

Alle vier Weine besitzen feine Säure und samtige Tannine, was das rustikale, nahrhafte Pastagericht bekömmlicher macht. Man sollte immer bodenständige Weine dazu trinken.

Barbera d'Alba, *Piemont (Italien)*
€ 1–4   🍷 2–6 Jahre   🌡 14–17 °C

Rosso Piceno, *Marken (Italien)*
€ 1–2   🍷 2–4 Jahre   🌡 15–17 °C

Teroldego Rotaliano, *Trentino (Italien)*
€ 1–3   🍷 2–5 Jahre   🌡 15–17 °C

Lammrücken rosa gebraten

Der Lammrücken kann sein besonders feines Aroma am besten entfalten, wenn er rosa gebraten wird. Auch seine sanfte Struktur kommt dann optimal zur Geltung. Gleiches gilt für das noch zartere Lammfilet. Schwere Weine sind als Begleitung nicht geeignet. Sie würden die Feinheiten des Lammfleischs übertönen. Hier sind elegante Rotweine mit eher sanften Tanninen gefragt. Über die Herkunft entscheiden Würze und Beilagen des Lamms.

Les Baux-de-Provence
Provence (Frankreich)

€ 2–4   ♀ 4–10 Jahre   🌡 16–18 °C

Les Baux-de-Provence und Terrasses du Larzac, finessenreich und mit dezenten Kräuternoten, passen zu mediterranen Zubereitungen, Ribeiro und Blaufränkisch zu Lamm mit Bratensauce.

Terrasses du Larzac, *Languedoc (Frankreich)*

€ 1–3   ♀ 2–6 Jahre   🌡 15–17 °C

Ribeiro, *Galizien (Spanien)*

€ 2–3   ♀ 2–6 Jahre   🌡 14–16 °C

Blaufränkisch, *Burgenland (Österreich)*

€ 1–4   ♀ 2–8 Jahre   🌡 15–17 °C

Geschmorte Lammkeule

Das feste, bindegewebsreiche Fleisch der Lammkeule eignet sich sehr gut zum Schmoren. Es hat nicht nur eine kräftigere Struktur, sondern auch ein intensiveres Aroma als der Rücken oder das Filet. Durch das langsame Schmoren bei niedriger Temperatur kann sich das Aroma noch besser entfalten. Zu herzhaften Fleischstücken wie Lammkeule werden kräftige Rotweine serviert. Auch hier entscheidet der Geschmack der Sauce und der Beilagen über die Provenienz.

Nielluccio
Korsika (Frankreich)

 2–3   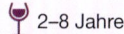 2–8 Jahre   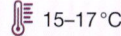 15–17 °C

 Die kräuterwürzigen Nielluccio und Salice Salentino mit ihrem ungestümen Charakter passen zu Lamm mit Rosmarin, Utiel-Requena und der fruchtige Saint-Joseph zur Keule mit Bratensauce.

Salice Salentino, *Apulien (Italien)*

€ 1–2   ♀ 2–5 Jahre   🌡 16–18 °C

Utiel-Requena, *Valencia (Spanien)*

€ 1–2   ♀ 3–8 Jahre   🌡 15–17 °C

Saint-Joseph, *Rhône (Frankreich)*

€ 2–4   ♀ 3–8 Jahre   🌡 15–17 °C

Couscous mit Lamm

Der lockere Hartweizengrieß ist die Grundlage für viele nordafrikanische Gerichte. Eines der beliebtesten ist Couscous mit Lammragout aus der Schulter. Dieses wird klassisch in der Tajine, einem marokkanischen Tontopf, geschmort. Es ist scharf gewürzt und sehr aromatisch. Getrocknete Aprikosen und Kichererbsen bringen dezente Süße und reichhaltigen Geschmack. Weil wenig Säure im Spiel ist, passen dazu schwere Rotweine mit sanften Tanninen.

Zinfandel
Sonoma (Kalifornien)

 3–4   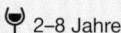 2–8 Jahre   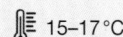 15–17 °C

 Zinfandel und Primitivo sind mundfüllend und mildern mit ihrer feinen Würze und scheinbaren Süße die Schärfe des Ragouts. Carignan und Cabernet-Syrah sind mild, aber viel fruchtiger.

Primitivo, *Apulien (Italien)*

€ 1–2   ☙ 2–6 Jahre   🌡 15–17 °C

Carignan, *Sidi Salem (Tunesien)*

€ 2–3   ☙ 2–6 Jahre   🌡 15–17 °C

Cabernet-Syrah, *Bekaa Valley (Libanon)*

€ 2–4   ☙ 3–8 Jahre   🌡 16–18 °C

Geschmortes Kaninchen

Das sehr zarte Kaninchenfleisch wird praktisch immer mit Weißwein geschmort. Selbst leichte Rotweine wären mit ihren Tanninen zu dominant. Daher muss zum Kaninchen Weißwein serviert werden. Grundsätzlich unterscheidet man zwei Rezeptfamilien mit jeweils zahlreichen Varianten: auf der einen Seite die aromatischen mediterranen Rezepte, z. B. mit Thymian, Salbei, Oliven oder Tomaten, auf der andern Seite die cremigen Zubereitungen mit Sahnesaucen.

Grauburgunder trocken
Sachsen (Deutschland)

  2–3   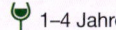 1–4 Jahre   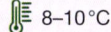 8–10 °C

 Die sanfte Art von Grauburgunder und Chardonnay passt sehr gut zu Sahnesaucen. Montpeyroux und Fiano di Avellino schmecken zu mediterran gewürztem Kaninchen.

Bourgogne Chardonnay, *Burgund (Frankreich)*
€ 2–3   2–5 Jahre   9–12 °C

Montpeyroux, *Languedoc (Frankreich)*
€ 2–3   2–6 Jahre   9–12 °C

Fiano di Avellino, *Kampanien (Italien)*
€ 1–2   1–3 Jahre   8–10 °C

Gebratener Rehrücken

Im Ganzen gebraten ist Rehrücken wohl das zarteste Stück Wild. Seine sanfte Struktur und der süße, volle Wildgeschmack stehen im Mittelpunkt des opulenten Gerichts, das von einer würzigen Sahnesauce und reichhaltigen Beilagen begleitet wird. Hier kommt nur ein Rotwein mit seidigen Tanninen und fruchtiger Fülle in Frage. Wird der Rehrücken mit einer fruchtigen Sauce ohne Sahne serviert, können alte Riesling-Auslesen hervorragend passen.

Vosne-Romanée
Burgund (Frankreich)

€ 4–5   ♀ 4–20 Jahre   🌡 14–16 °C

Aus Vosne-Romanée kommen die allerfeinsten Burgunder. Ihr Finessenreichtum ist legendär und die Preise genauso saftig wie ein perfekt gebratener Rehrücken.

Riesling Auslese, *Rheingau (Deutschland)*

€ 3–5   ♀ 15–25 Jahre   🌡 9–12 °C

Spätburgunder trocken, *Ahr (Deutschland)*

€ 2–4   ♀ 1–5 Jahre   🌡 14–16 °C

Blauburgunder, *Graubünden (Schweiz)*

€ 3–5   ♀ 3–10 Jahre   🌡 14–16 °C

Hirschrückensteak

Steaks vom Hirschrücken besitzen ein feines, zurückhaltendes Wildaroma und eine recht feste Struktur. Dank des festeren Fleischs können sie kräftig angebraten oder sogar gegrillt werden. Die dabei entstehende Bratenkruste schlägt eine Brücke zu robusten Rotweinen, die aber unbedingt eine samtige Tanninstruktur und einen fruchtigen Ausdruck aufweisen sollten. Auch reife Bordeauxweine aus dem Libournais mit hohem Merlot-Anteil bieten sich zum Hirschrückensteak an.

Châteauneuf-du-Pape
Rhône (Frankreich)

€ 4–5 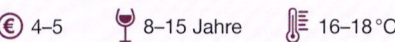 8–15 Jahre 16–18 °C

 Châteauneuf-du-Pape entwickelt im Alter ein reiches Aroma mit Trüffelnoten und einen milden Geschmack. Der hohe Anteil von Grenache-Trauben sorgt für ausreichende Fruchtigkeit.

Barolo, *Piemont (Italien)*

€ 4–5   6–15 Jahre   16–18 °C

Saint-Emilion Grand cru, *Bordeaux (Frankreich)*

€ 3–5   8–15 Jahre   16–18 °C

Spätburgunder trocken, *Württemberg (Deutschland)*

€ 1–4   3–8 Jahre   15–17 °C

Wildschweinkeule

Kerniges, aromatisches Fleisch und eine sehr würzige Sauce mit Wacholder, Nelken und Muskatblüte geben der geschmorten Wildschweinkeule ihren vollmundig-rustikalen Charakter. Als Begleitung passt ein kraftvoll-würziger Rotwein. Im Mittelmeerraum wird Wildschweinkeule mit Rosmarin, Wacholder und Thymian aromatisiert. Dazu kommen oft Oliven, Knoblauch oder Tomaten. Hier eignet sich ein Rotwein mit Kräuteraromatik am besten.

Pinotage
Paarl (Südafrika)

€ 2–3   🍷 2–7 Jahre   🌡 16–18 °C

Pinotage und Rioja sind sehr würzig und duften oft nach Backpflaumen. Grés de Montpellier und Monica di Sardegna harmonieren geschmacklich gut zu mediterranem Wildschwein.

Rioja Reserva, *Rioja (Spanien)*
€ 2–4   🍷 6–12 Jahre   🌡 15–17 °C

Grés de Montpellier, *Languedoc (Frankreich)*
€ 1–3   🍷 3–10 Jahre   🌡 15–17 °C

Monica di Sardegna, *Sardinien (Italien)*
€ 1–2   🍷 2–4 Jahre   🌡 14–16 °C

Wildragout

In einem Wildragout können eine oder mehrere Wildarten verarbeitet sein. Weil es wie alle Schmorgerichte aus den festeren Fleischteilen zubereitet wird, ist es bissfest. In aller Regel wird es kräftig abgeschmeckt und fällt sehr würzig und aromatisch aus. Die Sauce dazu entsteht beim Schmoren aus der Rotweinmarinade, dem Bratensaft und den Röstgemüsen. Zu diesem rustikalen Wildgericht passt ein vollmundiger milder Rotwein mit kräftigen Tanninen.

Shiraz
South Australia (Australien)

 1–3   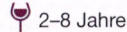 2–8 Jahre   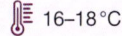 16–18 °C

 Shiraz aus Australien und Merlot aus Chile sind weich und fruchtig mit unterschwelliger Süße. Priorat und Ribera del Duero, ebenso kraftvoll, aber trocken, haben kräftigere Tannine.

Merlot, *Colchagua (Chile)*

€ 1–3    2–8 Jahre   16–18 °C

Priorat, *Katalonien (Spanien)*

€ 3–5   3–10 Jahre   16–18 °C

Ribera del Duero, *Kastilien-León (Spanien)*

€ 2–4   3–10 Jahre   16–18 °C

Gebratene Leber

Leber ist wohl die beliebteste aller Innereien. Sie muss absolut frisch sein, da sie sonst einen aufdringlichen Geschmack entwickelt. Die beste Qualität bietet die Kalbsleber, deren Aroma viel feiner ist als das der rustikalen Schweineleber. Ihr süßlicher Geschmack und die zarte Konsistenz werden durch milde Zutaten wie Zwiebeln oder Äpfel sowie üppige Saucen noch hervorgehoben. Der perfekte Wein dazu ist der Lemberger, der in Österreich Blaufränkisch und in Ungarn Kékfrankos heißt.

Lemberger trocken
Württemberg (Deutschland)

€ 1–3   🍷 2–6 Jahre   🌡 15–17 °C

Die Harmonie zwischen Lemberger und Leber kann nicht schlüssig erklärt werden, bestätigt sich aber immer wieder neu. Der Cabernet fällt nach langer Fassreife recht mild aus.

Blaufränkisch, *Neusiedlersee-Hügelland (Österreich)*

€ 1–4   🍷 2–6 Jahre   🌡 15–17 °C

Villányi Kékfrankos, *Villányi (Ungarn)*

€ 1–4   🍷 2–8 Jahre   🌡 15–17 °C

Cabernet Sauvignon, *Brda (Slowenien)*

€ 2–4   🍷 5–12 Jahre   🌡 16–18 °C

Kalbsnieren in Rotwein

Für viele überraschend, besitzen Nieren einen feinen und klaren Geschmack, allerdings nur, wenn sie absolut frisch sind. Es ist ratsam, sie möglichst noch am Schlachttag zu verarbeiten, denn mit jedem Tag Lagerung nimmt ihre Qualität ab. Tipp: Schmecken Sie die Sauce mit einem Schuss des begleitenden Weins ab. Liebhaber von Innereien schwören auf Nieren, die im eigenen Fettmantel gegart wurden. Das intensive Aroma dieser Spezialität ist aber nicht jedermanns Sache.

Chianti Colli Senesi
Toskana (Italien)

€ 2–3   ☯ 2–8 Jahre   🌡 15–17 °C

Zu Nieren passt ein möglichst rassiger, fruchtiger Rotwein wie Chianti ohne Merlot- oder Cabernet-Anteile. Wer es üppiger mag, kann zum Valpolicella greifen.

Valpolicella Classico Superiore, *Venetien (Italien)*
€ 2–3   ☯ 2–4 Jahre   🌡 15–17 °C

Pinot noir, *Jura (Frankreich)*
€ 2–4   ☯ 3–10 Jahre   🌡 15–17 °C

Lagrein, *Südtirol (Italien)*
€ 1–3   ☯ 2–6 Jahre   🌡 14–16 °C

VEGETARISCHE KÜCHE UND WEIN

Dank des Produktreichtums
der vegetarischen Küche müssen sich
Vegetarier bei der Weinwahl keineswegs
einschränken. Sogar gerbstoffbetonte
Rotweine können problemlos zu gebratenen
oder gebackenen Getreide- und Käsegerichten
gereicht werden. Auch diese Speisen
bilden beim Braten, Grillen und Schmoren
jene Bratenkruste, die so wunderbar
zu schweren Roten passt.

Gebratener Tofu

Tofu enthält wenig Fett und viele Proteine und hat eine ziemlich weiche, doch bissfeste Struktur. Er schmeckt am besten, wenn man ihn vor dem Braten mariniert. Die Würze der Marinade, die Art der Sauce und die Beilagen bestimmen den Wein. Vom kräftigen Weißen mit milder Säure bis hin zu ziemlich kräftigen Roten ist fast jede Kombination möglich. Wird Tofu süßsauer zubereitet, kommen einmal mehr die bewährten restsüßen Rieslinge ins Spiel.

Chardonnay trocken
Rheinhessen (Deutschland)

€ 1–2   1–4 Jahre   8–11 °C

Chardonnay passt zu milden, Scheurebe auch zu exotisch-fruchtigen Zubereitungen. Die beiden Rotweine sind mittelschwer und nicht zu tanninlastig, damit der Tofu nicht dominiert wird.

Scheurebe trocken, *Pfalz (Deutschland)*

€ 1–2   1–4 Jahre   7–10 °C

Bergerac, *Dordogne (Frankreich)*

€ 1–2   2–5 Jahre   15–17 °C

Maremma rosso, *Toskana (Italien)*

€ 1–3   2–6 Jahre   15–17 °C

Getreidebratlinge

Getreidebratlinge gibt es in großer Auswahl. Sie werden meist scharf angebraten. Die dabei entstehende Bratenkruste harmoniert hervorragend mit kräftigen Rotweinen. Die körnige Struktur mit Biss und der nussige Grundgeschmack der Bratlinge sprechen ebenfalls klar für Rotwein. Die endgültige Wahl wird von der Getreideart, der Beimischung weiterer Zutaten wie Gemüse, Sprossen oder Nüssen sowie von den Gewürzen und Beilagen bestimmt.

Chinon
Loire (Frankreich)

€ 1–3   ♀ 2–8 Jahre   🌡 14–16 °C

Der frische Chinon passt zu Bratlingen mit Gemüse, der würzige Rioja zu solchen mit Nüssen oder aus Buchweizen. Merlot und Syrah sind ideal, wenn viel Paprika oder Pfeffer im Spiel ist.

Rioja, *Rioja (Spanien)*
€ 1–3   ♀ 2–8 Jahre   🌡 15–17 °C

Merlot, *Navarra (Spanien)*
€ 1–2   ♀ 2–5 Jahre   🌡 15–17 °C

Syrah, *Rhône (Frankreich)*
€ 1–3   ♀ 2–6 Jahre   🌡 15–17 °C

Gebratene Polenta

Scheiben aus erkaltetem Maisgrieß werden in Butter gebraten. Die Struktur ist innen griesig-cremig und außen knusprig. Butter und Käse im Polentateig machen den Geschmack reich und vollmundig. Gebratene Polenta kann sehr vielfältig kombiniert werden, beispielsweise mit Tomaten, Gemüse oder Pilzen. In der Grundvariante passt die gebratene Polenta am besten zu einem kräftigen Weißwein, je nach Beigaben aber auch hervorragend zu Rotwein.

Petite Arvine
Wallis (Schweiz)

€ 3–5   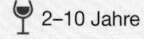 2–10 Jahre   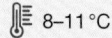 8–11 °C

 Petite Arvine passt gut zur Polenta natur. Kräftiger Pinot grigio aus dem Collio schmeckt zur Polenta mit Pilzen, Teroldego zu Polenta mit Tomate. Cabernet Sauvignon harmoniert mit Paprika.

Pinot Grigio Collio, *Friaul (Italien)*

€ 1–3   ♀ 1–4 Jahre   ≋ 8–10 °C

Teroldego Rotaliano, *Trentino (Italien)*

€ 1–3   ♀ 2–6 Jahre   ≋ 15–17 °C

Cabernet Sauvignon, *Franschhoek (Südafrika)*

€ 2–4   ♀ 2–7 Jahre   ≋ 15–17 °C

Gefülltes Gemüse

Vegetarisch gefüllte und im Ofen gegarte Gemüse enthalten meist Schafskäse oder Reis, seltener Bulgur oder anderes Getreide. Zum Füllen sehr gut geeignet sind Paprika, Tomaten, Gurken, Auberginen und Zucchini. Während Gurken geschmacklich ideal mit Weißwein harmonieren, passen zu den übrigen Gemüsen auch Rotweine. Zur neutraleren Reisfüllung schmecken alle Weine, zu Füllungen mit Feta und Oliven dagegen vorwiegend Rotweine.

Cabernet Vin de Pays d'Oc
Languedoc (Frankreich)

€ 1–2   2–4 Jahre   15–17 °C

Cabernet ist dank seiner Paprikaaromen ideal zu gefüllten Paprika. Die würzigen Saint-Chinian und Rapsani passen zu Schafskäsefüllungen, Sauvignon sehr gut zu Gurken.

Saint-Chinian, *Languedoc (Frankreich)*
€ 1–3   2–8 Jahre   16–18 °C

Rapsani, *Thessalien (Griechenland)*
€ 2–3   3–8 Jahre   15–17 °C

Sauvignon Blanc Collio, *Friaul (Italien)*
€ 1–3   1–3 Jahre   8–10 °C

Spargel

Wären da nicht die versteckten Bitterstoffe, könnte man zum Spargel eine ganze Reihe von Weißweinen servieren. Tatsächlich kommt aber nur eine überschaubare Anzahl in Frage. Grundvoraussetzung für eine harmonische Verbindung ist ein moderater Säuregehalt. Daher scheidet Riesling, obwohl er oft empfohlen wird, kategorisch aus. Ein universeller Spargelwein ist der Silvaner. Je nach Beilage kann man die Weinauswahl verfeinern.

Silvaner trocken
Rheinhessen (Deutschland)

€ 1–3   1–3 Jahre   8–10 °C

Silvaner und Weißburgunder passen hervorragend zu Spargel mit Butter oder Sauce hollandaise, Müller-Thurgau zu polnischer und Sauvignon zu grüner Sauce.

Weißburgunder trocken, *Baden (Deutschland)*
€ 1–3   1–3 Jahre   8–10 °C

Müller-Thurgau trocken, *Franken (Deutschland)*
€ 1–2   1–3 Jahre   8–10 °C

Sauvignon blanc trocken, *Württemberg (Deutschland)*
€ 1–3   1–3 Jahre   8–10 °C

KLASSIKER

Pilze in Sahnesauce

Pilze, Sahne, ein Schuss Weißwein und Petersilie – das gehaltvolle Gericht ist sehr proteinreich und enthält eine ordentliche Menge Fett. Je nach verwendeter Pilzart kann der Geschmack ziemlich stark variieren. Steinpilze zeichnen sich durch ein sehr feines und diskretes Aroma, Pfifferlinge durch festen Biss und pfeffrigen Geschmack aus. Champignons schmecken oft nach Anis. Generell harmonieren erdig-nussige Weißweine mit wenig Säure.

Grauburgunder trocken
Baden (Deutschland)

 1–3   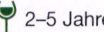 2–5 Jahre   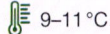 9–11 °C

 Grauburgunder harmoniert mit den unterschiedlichsten Pilzen, Weißburgunder mit Champignons, Chardonnay aus Rully mit Steinpilzen, Savagnin mit aromatischen Pilzen.

Weißburgunder trocken, *Pfalz (Deutschland)*

 1–3    2–5 Jahre   8–10 °C

Savagnin, *Jura (Frankreich)*

 2–4   4–10 Jahre    9–12 °C

Rully, *Burgund (Frankreich)*

 2–3   2–6 Jahre   9–11 °C

Gemüsequiche

Die Quiche ist ein wahres Universaltalent. Sie schmeckt warm und kalt, man kann sie als Vorspeise, Hauptgang oder als Snack zur Weinprobe reichen. Auch wenn es um die Weinbegleitung geht, ist sie völlig unkompliziert. Tendenziell sollte man Quiches mit Paprika oder Tomaten eher mit Rotweinen, Quiches mit süßlichen Gemüsen wie Zwiebeln oder Kürbis eher mit Weißweinen kombinieren. Ist die Quiche mit provenzalischen Kräutern verfeinert, passt sie ideal zu mediterranen Weinen.

Montepulciano d'Abruzzo
Abruzzen (Italien)

€ 1–2   2–5 Jahre   15–17 °C

Der Montepulciano d'Abruzzo ist ein unkomplizierter, fruchtiger und aromatischer Rotwein, der sich besonders gut zu Quiches mit mediterranem Einschlag kombinieren lässt.

Beaujolais, *Beaujolais (Frankreich)*

€ 1–2   1–4 Jahre   13–15 °C

Sauvignon blanc, *Steiermark (Österreich)*

€ 1–3   1–4 Jahre   8–10 °C

Müller-Thurgau trocken, *Baden (Deutschland)*

€ 1–2   1–3 Jahre   8–10 °C

Pizza Margherita

Einst zu Ehren der Königin von Neapel in den italienischen Landesfarben kreiert, zählt die Pizza Margherita rund um den Globus zu den beliebtesten Gerichten. Ihr Belag besteht aus Tomaten, Mozzarella und Basilikum. Wegen des hohen Tomatenanteils ist sie, wie die meisten anderen Pizzasorten, der Angstgegner feiner Weine. Am besten harmonieren robuste Rotweine mediterraner Herkunft. Für eine Pizza Napoli belegt man die Pizza Margherita zusätzlich mit Sardellenfilets.

Rosso Conero
Marken (Italien)

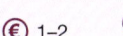 1–2   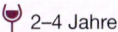 2–4 Jahre   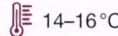 14–16 °C

 Der Rosso Conero, ein sympathischer Roter aus Montepulciano- und Sangiovese-Trauben, hat ein unbekümmertes, sonniges Wesen und lässt sich auch ganz beiläufig genießen.

Primitivo di Manduria, *Apulien (Italien)*

€ 1–2    2–5 Jahre    15–17 °C

Morellino di Scansano, *Toskana (Italien)*

€ 1–4    2–6 Jahre   ≋ 15–17 °C

Sicilia Rosso IGT, *Sizilien (Italien)*

€ 1–2    2–5 Jahre   ≋ 15–17 °C

Pasta mit Nusssauce

Die Pasta, am besten Penne oder Tortellini mit Frischkäsefüllung, wird von einer reichhaltigen Sauce aus Sahne und zerkleinerten Nüssen umhüllt. Der leicht süßliche und aromatische Geschmack der Nusssauce macht diesen Pastateller zum kulinarischen Schwergewicht. Die leicht säuerliche Füllung der Frischkäsetortellini mildert diese Schwere etwas. Denselben Zweck erfüllt ein extraalter, pikanter Reibkäse. Als Begleitung passen kraftvolle, milde Weißweine der Burgunderfamilie.

Chardonnay Barrique
Südtirol (Italien)

€ 2–4   ♀ 2–6 Jahre   🌡 9–12 °C

Südtiroler Chardonnays besitzen trotz aller Kraft immer eine gewisse Frische. Ihr nussiger Geschmack und die dezenten Holznoten passen sehr gut zu Pasta mit Sahnesaucen.

Grauburgunder trocken, *Saale-Unstrut (Deutschland)*

€ 1–2   ♀ 1–3 Jahre   🌡 8–10 °C

Auxerrois trocken, *Baden (Deutschland)*

€ 2–4   ♀ 4–10 Jahre   🌡 8–10 °C

Rotgipfler trocken, *Weinviertel (Österreich)*

€ 1–2   ♀ 1–4 Jahre   🌡 8–10 °C

Spaghetti mit Öl und Knoblauch

Dieses einfache Pastagericht kann ein kulinarisches Meisterwerk sein, vorausgesetzt, es wird aus hochwertigen Zutaten bereitet. Der Reiz liegt hier im aromatischen Zusammenspiel von Olivenöl und Parmesan mit salzig-bitterer Charakteristik, eventuell mit leichter Schärfe, und der bissfesten, aber dennoch geschmeidigen Struktur. Der feine Geschmack des frischen Knoblauchs und der Petersilie unterstreicht das angenehme Mundgefühl.

Refosco dal peduncolo rosso
Friaul (Italien)

 1–2    1–5 Jahre   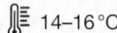 14–16 °C

 Der Refosco ist ein rassiger Rotwein aus Friaul. In Slowenien heißt er Teran. Er hat eine sehr tiefe Farbe, überrascht aber immer wieder mit säurebetontem, fruchtigem Geschmack.

Côtes du Roussillon, *Roussillon (Frankreich)*

 1–3   2–8 Jahre   16–18 °C

Roero rosso, *Piemont (Italien)*

 1–3   2–8 Jahre   15–17 °C

Salento bianco, *Apulien (Italien)*

 1–2   1–3 Jahre   7–9 °C

Gemüselasagne

Das etwas aufwendige Gericht entschädigt mit opulenter, abwechslungsreicher Aromatik. Der Geschmack der Lasagne variiert je nach verwendetem Gemüse, aber Tomaten- und Béchamelsauce gehören unbedingt dazu. Ohne die einzigartige Spannung zwischen der gehaltvollen, milden Béchamelsauce und der fruchtig-frischen Tomatensauce würde die Lasagne ziemlich langweilig schmecken. Als Begleitung passen Weißweine mit wenig Säure sowie tanninarme Rotweine.

Weißburgunder trocken
Rheinhessen (Deutschland)

€ 1–2   ♀ 1–4 Jahre   🌡 8–10 °C

Gemüselasagne sind ein opulentes Gericht mit reicher Textur. Die Weine sollten deshalb nicht zu leicht sein und wenig Säure enthalten. Wählen Sie also kräftige Gewächse aus.

Pinot bianco, *Südtirol (Italien)*

€ 1–2   ♀ 1–4 Jahre   🌡 8–10 °C

Silvaner trocken, *Franken (Deutschland)*

€ 1–3   ♀ 1–8 Jahre   🌡 8–10 °C

Gamay, *Touraine (Loire)*

€ 1–2   ♀ 1–4 Jahre   🌡 14–16 °C

Risotto mit Steinpilzen

Die Steinpilzscheiben, die mit dem Reis gegart werden, verleihen diesem Risotto ein besonders feines Aroma. Wer es etwas kräftiger mag, kann getrocknete Steinpilze verwenden, die besonders intensiv schmecken. Zum Schluss wird eine ordentliche Portion Butter und geriebener Parmesan untergerührt. Das Risotto ist perfekt gegart, wenn es leicht fließt und der Reis einen bissfesten Kern hat. Kräftige Weißweine mit Schmelz und Körper sind ideale Begleiter.

Grauburgunder trocken
Baden (Deutschland)

 1–3 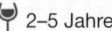 2–5 Jahre 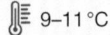 9–11 °C

 Die nussigen Aromen badischer Grauburgunder harmonieren sehr gut mit Pilzen. Der kräftige, runde und milde Geschmack fügt sich perfekt in die üppige Struktur des Risottos ein.

Franciacorta bianco, *Lombardei (Italien)*

€ 2–4  1–4 Jahre 8–11 °C

Pinot bianco, *Südtirol (Italien)*

€ 1–2 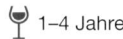 1–4 Jahre 9–11 °C

Bourgogne Chardonnay, *Burgund (Frankreich)*

€ 2–3  2–6 Jahre 9–11 °C

KÄSE UND WEIN

Für viele mag es eine im wörtlichen Sinn bittere Erkenntnis sein, dass Käse ausgerechnet mit schwerem Rotwein seine größten Probleme hat. Dessen Gerbstoffe stehen einer harmonischen Verbindung viel zu oft im Weg. Dagegen kann man wahre kulinarische Glücksmomente erleben, wenn man Käse mit kräftigen, säurearmen Weißweinen zusammenbringt.

KÄSE UND WEIN

Weichkäse

MILD UND CREMIG
Brie, Brillat-Savarin, Chaource
Diese Käse mit Außenschimmel sind mild und besitzen einen subtilen Geschmack. Kräftige, geschmacklich nuancenreiche Weißweine passen hier am besten.

Champagne brut, *Champagne (Frankreich)*
- € 4–5   2–8 Jahre   8–12 °C

Chardonnay trocken, *Pfalz (Deutschland)*
- € 2–3   2–5 Jahre   8–10 °C

AROMATISCH UND CREMIG
Camembert
Reifer Camembert entfaltet ausgeprägte Düfte von Pilzen und Nüssen. Elegante, fruchtige Rotweine mit samtigen Tanninen setzen frische Akzente.

Médoc Cru bourgeois, *Bordeaux (Frankreich)*
- € 2–3   2–15 Jahre   15–17 °C

Morgon, *Beaujolais (Frankreich)*
- € 2–3   2–10 Jahre   14–16 °C

PIKANT UND LEICHT SÄUERLICH
Munster
Munster ist zwar ungeheuer aromatisch, besitzt aber einen milden, säuerlichen Geschmack. Dazu passen nur säurearme, hocharomatische Weiße.

Gewurztraminer, *Elsass (Frankreich)*
- € 2–3   2–6 Jahre   9–12 °C

Traminer Spätlese, *Baden (Deutschland)*
- € 2–3   1–6 Jahre   9–12 °C

WEICH- UND HARTKÄSE

AROMATISCH BIS PIKANT
Livarot, Maroilles
Livarot und Maroilles haben einen pikanten Geschmack und ein intensives erdig-nussiges Aroma. Reife, vollmundige Rote sind hier ideal.

Fronsac, *Bordeaux (Frankreich)*
€ 2–3   🍷 2–10 Jahre   🌡 15–17 °C

Cidre, *Normandie (Frankreich)*
€ 1–2   🍷 1–4 Jahre   🌡 8–12 °C

FLIESSEND UND NUSSIG
Vacherin Mont d'Or
Vacherin Mont d'Or und weißer Jurawein – nur eine der vielen kulinarischen Sensationen aus einer der schönsten Regionen Frankreichs.

Côtes du Jura, *Jura (Frankreich)*
€ 2–3   🍷 3–10 Jahre   🌡 9–12 °C

Chasselas, *Waadt (Schweiz)*
€ 1–2   🍷 1–3 Jahre   🌡 8–10 °C

Schnitt- und Hartkäse

CREMIG UND LEICHT SÄUERLICH
Reblochon, Taleggio
Fast cremiger Teig, leicht säuerlicher, sahniger Geschmack und subtile Aromen. Junge, fruchtige Weiß- und Rotweine passen dazu am besten.

Roussette de Savoie, *Savoyen (Frankreich)*
€ 2–3   🍷 2–5 Jahre   🌡 8–10 °C

Fleurie, *Beaujolais (Frankreich)*
€ 2–3   🍷 2–8 Jahre   🌡 14–18 °C

KÄSE UND WEIN

AROMATISCH UND MILD

Fontina, Tomme de Savoie, Morbier, Trappistenkäse
Geschmeidige Struktur, Milcharomen, Gewürze und erdig-nussige Noten. Dazu passen kraftvolle Weißweine mit mildem Geschmack.

Grauburgunder trocken Barrique, *Baden (Deutschland)*
€ 2–4   2–8 Jahre   9–12 °C

Chardonnay, *Jura (Frankreich)*
€ 2–4   2–10 Jahre   9–12 °C

LEICHT SALZIG UND SEHR AROMATISCH

Tête de Moine, Greyerzer/Gruyère, Appenzeller, Beaufort, Comté, Emmentaler, Allgäuer Bergkäse
Dies sind echte Persönlichkeiten mit enormer aromatischer Bandbreite. Dazu ist Savagnin als weltbester Begleiter von Bergkäse unschlagbar.

Savagnin, *Jura (Frankreich)*
€ 3–4   4–12 Jahre   10–12 °C

Fendant, *Wallis (Schweiz)*
€ 2–3   1–3 Jahre   9–12 °C

SEHR AROMATISCH BIS PIKANT

Gouda alt, Mimolette
Diese Käse entwickeln im Alter kraftvolle bis pikante Aromen bei salzig-süßem Geschmack. Madeira harmoniert mit seiner Süße, Médoc mit Mineralität.

Médoc Cru bourgeois, *Bordeaux (Frankreich)*
€ 2–5   5–15 Jahre   15–17 °C

Sercial, *Madeira (Portugal)*
€ 3–5   5–50 Jahre   12–14 °C

HART- UND BLAUSCHIMMELKÄSE

SÄUERLICH UND SEHR AROMATISCH
Salers, Cantal, Cheddar, Cheshire
Diese vor allem im vollreifen Stadium sehr eigenwilligen Käse harmonieren nur mit ausgesprochen charaktervollen, robusten Weißweinen.

Savagnin, *Jura (Frankreich)*
€ 3–4   4–10 Jahre   10–12 °C

Rully, *Burgund (Frankeich)*
€ 2–3   2–6 Jahre   10–12 °C

SALZIG UND FRUCHTIG
Grana Padano, Parmigiano-Reggiano/Parmesan
Diese salzig-fruchtigen Käse passen zu milden Weißweinen und zu gerbstoffbetonten Rotweinen, deren Tannine vom Salz gemildert werden.

Grauburgunder trocken, *Pfalz (Deutschland)*
€ 2–3   3–6 Jahre   9–12 °C

Nebbiolo, *Piemont (Italien)*
€ 2–3   3–8 Jahre   15–17 °C

Blauschimmelkäse

CREMIG UND LEICHT SALZIG
Bleu d'Auvergne, Fourme d'Ambert, Gorgonzola
Reicher Geschmack, geschmeidige Struktur, feine bis pikante Aromen. Wuchtige Rote mit leichter Süße und voller Frucht schmecken dazu am besten.

Amarone della Valpolicella, *Venetien (Italien)*
€ 4–5   4–15 Jahre   16–18 °C

Tawny Port, *Douro (Portugal)*
€ 4–5   10–30 Jahre   14–16 °C

KÄSE UND WEIN

AROMATISCH UND HART
Stilton
Aus Erfahrung gut: Die traditionelle Kombination von Stilton und fruchtigem Port ist einfach unschlagbar – and very British!

Vintage Port, *Douro (Portugal)*
€ 4–5   6–20 Jahre   14–16 °C

Maury, *Roussillon (Frankreich)*
€ 2–3   3–10 Jahre   14–16 °C

SALZIG UND WEICH
Roquefort
Der salzige Geschmack des Roquefort mildert die Tannine von gerbstoffbetonten Rotweinen und harmoniert genauso gut mit der Süße des Barsac.

Coteaux du Languedoc, *Languedoc (Frankreich)*
€ 1–3   2–10 Jahre   15–17 °C

Barsac, *Bordeaux (Frankreich)*
€ 4–5   4–10 Jahre   10–12 °C

Ziegenkäse

SÄUERLICH
Saint-Maure, Saint-Pierre, Crottin
In der Jugend ähneln sie Quark und schmecken säuerlich, gereift sind sie trocken und aromatisch. Sie passen immer zu fruchtig-trockenen Weißen.

Sancerre, *Loire (Frankreich)*
€ 2–3   2–5 Jahre   9–12 °C

Riesling trocken, *Rheingau (Deutschland)*
€ 1–4   2–10 Jahre   8–10 °C

ZIEGEN- UND SCHAFSKÄSE

WÜRZIG
Banon
Weiche Struktur, erdig-würzige Aromen und voller Ziegengeschmack. Mittelschwere, kräuterwürzige Rotweine des Südens sind hier ideal.

Les Baux-de-Provence, *Provence (Frankreich)*
€ 2–4 3–10 Jahre 15–17 °C

Mâcon, *Burgund (Frankreich)*
€ 1–2 2–6 Jahre 8–10 °C

Schafskäse

AROMATISCH MIT KRÄUTERGESCHMACK
Brin d'Amour, Fleur de Maquis, Brebis Corse
Die kräuterduftig-flirrende Luft Korsikas ist hier zu spüren. Schwere Rote mit dem Duft aromatischer Kräuter verschmelzen perfekt mit diesen Käsen.

Vacqueyras, *Rhône (Frankreich)*
€ 1–3 2–8 Jahre 15–17 °C

Patrimonio, *Korsika (Frankreich)*
€ 2–3 3–8 Jahre 15–17 °C

SALZIG UND HART
Tomme de Brebis, Pecorino Sardo, Manchego
Der ausgeprägt salzige Geschmack und die intensiven Aromen der harten Schafskäse verlangen mächtige Rote mit stattlichen Tanninen und viel Frucht.

Priorat, *Katalonien (Spanien)*
€ 4–5 4–15 Jahre 15–17 °C

Cannonau di Sardegna, *Sardinien (Italien)*
€ 1–3 2–8 Jahre 15–17 °C

DESSERT
UND WEIN

Eine Harmonie zwischen Wein
und Dessert entsteht nur, wenn der Wein
mindestens genauso süß ist wie das Dessert.
Natürlich muss die Süße im Wein durch Säure,
Mineralität oder Alkohol ausgeglichen werden.
Zu weniger süßen Desserts, wie sie in
Frankreich oft üblich sind, schmecken auch
weniger süße, jedoch keinesfalls trockene
Weine. Besonders heikel sind Champagner
und andere trockene Schaumweine.

Crème caramel

Das besondere Aroma und der reiche Geschmack dieser beliebten Nachspeise entstehen durch eine beachtliche Menge Vanille und den karamellisierten Zuckersirup auf der zarten Creme. Frische Beeren sind eine perfekte Ergänzung und geschmackliche Abrundung der Crème caramel. Dazu harmonieren am besten kräftige Süßweine aus dem Barrique. Wird die Crème mit würzigen Zutaten wie Süßholz und Tonkabohnen aromatisiert, sind oxidativ ausgebaute Dessertweine die erste Wahl.

Coteaux du Layon
Loire (Frankreich)

€ 3–5   ♀ 3–20 Jahre   🌡 9–12 °C

Coteaux du Layon, aus Trauben der Sorte Chenin blanc gekeltert und meist im Barrique ausgebaut, besitzt oft Karamellnoten. Er passt auch zu Desserts mit Trockenfrüchten.

Pinot Gris Sélection de Grains Nobles, *Elsass (Frankreich)*

€ 4–5   ♀ 3–10 Jahre   🌡 9–12 °C

Vin de Paille, *Jura (Frankreich)*

€ 4–5   ♀ 4–10 Jahre   🌡 9–12 °C

Madeira Bual, *Madeira (Portugal)*

€ 4–5   ♀ 10–50 Jahre   🌡 9–12 °C

Panna cotta

Die »gekochte Sahne« ist eine mäßig süße Creme aus gestockter Sahne, deren feiner Geschmack sich auch gegen aromatische Beilagen durchzusetzen vermag. In der Regel werden zur Panna cotta frische Beeren oder eine Beerensauce serviert. Als Begleitung eignen sich frisch-fruchtige Dessertweine mit dezenter Süße. Ideal ist Picolit aus dem Friaul, doch leider ist dieser Wein so selten, dass er außerhalb des Anbaugebiets nur schwer aufzutreiben ist.

Moscato d'Asti
Piemont (Italien)

€ 2–3   1–2 Jahre   7–10 °C

Der munter prickelnde Moscato d'Asti ist ein erfrischender Perlwein mit sehr niedrigem Alkoholgehalt und intensiver Frucht. Er wirkt selbst nach einem opulenten Mahl belebend.

Jurançon, *Südwestfrankreich (Frankreich)*

€ 3–5   2–10 Jahre   9–11 °C

Muskateller Spätlese, *Baden (Deutschland)*

€ 2–4   1–6 Jahre   8–10 °C

Scheurebe Spätlese, *Franken (Deutschland)*

€ 3–4   1–8 Jahre   8–10 °C

DESSERT UND WEIN

Mousse au chocolat

Die schaumig geschlagene Creme aus Bitterschokolade, Sahne und Eiern ist ein reichhaltiges Dessert mit vollem Aroma und üppigem Geschmacksvolumen. Das intensive Schokoladenaroma mit einem kaum wahrnehmbaren Hauch von Cognac und die cremige Struktur verlangen nach einem aromastarken und alkoholreichen Partner. Madeira, Port und Sherry, welche die Herausforderungen der Schokolade annehmen können, erweisen sich als ideale Begleiter.

Madeira Malvasia
Madeira (Portugal)

€ 4–5    10–50 Jahre   12–14 °C

 Der mystische, fast vergessene Madeira wird aus weißen Trauben gekeltert und unter Sauerstoffeinfluss sehr lange ausgebaut. Malvasia, der süßeste Madeira, passt perfekt zu Bitterschokolade.

Sherry Pedro Ximénez, *Andalusien (Spanien)*

€ 3–4   ohne Jahrgang   12–14 °C

Vintage Port, *Douro (Portugal)*

€ 5   10–40 Jahre   13–16 °C

Banyuls, *Roussillon (Frankreich)*

€ 3–5   5–20 Jahre   13–16 °C

Tiramisù

Das leckere Dessert aus Schichten kaffee- und weinbrandgetränkter Löffelbiskuits und üppiger Mascarponecreme, mit Kakaopulver bestreut und eiskalt serviert, ist allgegenwärtig. Leider wird viel zu oft zu Fertigprodukten gegriffen, die sich in keiner Weise mit dem Original messen können. Die intensiven Aromen von Kaffee, Schokolade und Creme sowie die reiche Struktur beschränken die Weinauswahl auf alkoholstarke, fassgereifte Dessertweine.

Passito di Pantelleria
Pantelleria (Italien)

€ 4–5   ♀ 5–10 Jahre   🌡 10–12 °C

Passito di Pantelleria ist ein Dessertwein aus getrockneten Muskatellertrauben. Nach langer Fassreife entwickelt er ein vielschichtiges Aroma, das hervorragend zum Tiramisù passt.

Maury, *Roussillon (Frankreich)*

€ 3–5   ♀ 3–10 Jahre   🌡 12–15 °C

Muscat de Beaumes-de-Venise, *Rhône (Frankreich)*

€ 2–3   ♀ 5–10 Jahre   🌡 9–12 °C

Marsala, *Sizilien (Italien)*

€ 3–5   ♀ 5–10 Jahre   🌡 10–13 °C

DESSERT UND WEIN

Zabaione

Das köstliche Dessert ist auch unter der Bezeichnung Weinschaum oder Sabayon bekannt. Eigelb wird zusammen mit Wein und Zucker über dem Wasserbad zu einem festen, duftigen Schaum aufgeschlagen. Dabei verbindet sich die schaumige Konsistenz mit dem wunderbar süß-säuerlichen Geschmack. Manchmal wird die Zabaione gratiniert, dann kommen noch Karamellaromen hinzu. Als Beilagen können Früchte und Eis serviert werden.

Muscat de Rivesaltes
Roussillon (Frankreich)

€ 2–3   ♀ 1–6 Jahre   🌡 9–12 °C

Muscat de Rivesaltes ist der leichteste südfranzösische Muscat. Seine klaren, floralen Düfte und eine Pfirsichnote harmonieren bestens mit dem Weinschaum. Muscat schmeckt auch gereift sehr gut.

Muscat d'Alsace Vendange tardive, *Elsass (Frankreich)*
€ 3–5   ♀ 2–15 Jahre   🌡 8–10 °C

Gewurztraminer Vendange tardive, *Elsass (Frankreich)*
€ 3–5   ♀ 2–15 Jahre   🌡 9–12 °C

Scheurebe Auslese, *Pfalz (Deutschland)*
€ 3–4   ♀ 2–10 Jahre   🌡 8–10 °C

Rote Grütze

Das erfrischende, leicht sämige Beerendessert wird mit Sahne, Vanillesauce oder Vanilleeis abgerundet, deren Süße durch die kräftige Fruchtsäure im Zaum gehalten wird. Intensive Beerenaromen und die manchmal deutlich schmeckbaren Tannine der Beeren stehen in einem delikaten Gleichgewicht mit dem süß-säuerlichen Geschmack. Die Grütze darf keinesfalls süß sein, weil sonst ihre erfrischende Wirkung verpufft. Der begleitende Wein muss reintönig und fruchtig schmecken.

Muskattrollinger
Württemberg (Deutschland)

€ 1–2   🍷 1–3 Jahre   🌡 10–12 °C

Der helle, leichte Rote fügt sich mit seinem klaren Bukett von Kirschen und Muskattrauben in die Aromatik der roten Grütze ein und betont deren Frische mit dezent süßem Geschmack.

Brachetto d'Acqui, *Piemont (Italien)*
€ 2–3   🍷 3–10 Jahre   🌡 15–17 °C

Rosenmuskateller, *Südtirol (Italien)*
€ 1–2   🍷 1–3 Jahre   🌡 8–10 °C

Scheurebe Auslese, *Pfalz (Deutschland)*
€ 3–4   🍷 2–10 Jahre   🌡 8–10 °C

Schokolade und Wein

Der Geschmack von Schokolade wird von den verwendeten Kakaosorten und ihrer Herkunft, eventuellen Zusätzen, dem Kakaogehalt und der Verarbeitung bestimmt. Allein die Herkunft des Kakaos hat für den Geschmack einer Schokolade ungefähr dieselbe Bedeutung wie die Herkunft der Trauben für den Geschmack eines Weins. Leider sind diese wichtigen Informationen auf den Schokoladenverpackungen nur lückenhaft. Deshalb bleiben gelungene Kombinationen von Schokolade und Wein meist dem Zufall überlassen.

PORT, MADEIRA & CO. – KLASSISCHE BEGLEITER

Schokolade ist von ihrer Zusammensetzung her – große Mengen Zucker, Tannine, Bitterstoffe, Fett und überraschend viel Säure – grundsätzlich alles andere als weinfreundlich. Trotzdem kann man sie genussvoll mit Wein kombinieren. Am besten kommen verstärkte Süßweine mit diesen erschwerten Bedingungen zurecht. Ihr hoher Alkoholgehalt von mindestens 15 Prozent nimmt das Fett gut auf und ihre Süße gleicht die Säure der Schokolade aus. Port, süße Sherrys, Madeira, Banyuls und Maury schmecken zu fast allen Schokoladen sehr gut. Madeira aus den Traubensorten Bual und Malmsey (Malvasia) kann es sogar mit ganz bitteren Sorten aufnehmen.

Mit »normalen« Weinen sind harmonische Verbindungen viel schwieriger herzustellen. Fabelhafte Kombinationen von Schokolade und Wein sind entweder Zufallstreffer oder beruhen auf ausgefuchsten Konstruktionen begabter Chocolatiers, die es verstehen, hochwertige Schokoladerezepturen auf spezielle Weine abzustimmen. Meist werden präzise Weinempfehlungen mitgeliefert, denen man unbedingt Folge leisten sollte. Diese oft hervorragenden Schokoladen sind in guten Delikatessengeschäften und im Weinfachhandel erhältlich.

SCHOKOLADE UND WEIN

ANLEITUNG FÜR DEN SELBSTVERSUCH

Wer auf eigene Faust experimentieren möchte, sollte dies am besten mit Schokoladen bis maximal 70 Prozent Kakaogehalt und schweren, fruchtigen Rotweinen versuchen. Mit Amarone, Syrah, Zinfandel, Grenache, Priorat oder Weinen aus dem Roussillon erzielt man die meisten Treffer. Zwar sind auch hier Enttäuschungen nicht immer zu vermeiden, doch sollte man sich dadurch keinesfalls entmutigen lassen.
Trockene Weiß- und Schaumweine dagegen schmecken mit Schokolade fast immer bitter und sauer. Sie kommen nur selten mit der Säure und den Gerbstoffen der Schokolade zurecht. Zudem ist ihr Alkoholgehalt für den hohen Fettanteil der Schokolade meist zu gering. Dasselbe gilt auch für Eisweine und Auslesen.

Perfekte Kombinationen von Schokolade und Wein können kulinarische Feuerwerke zünden.

Marillenknödel

Für diese klassische österreichische Mehlspeise werden frische Marillen (Aprikosen), umhüllt von Topfen- oder seltener Kartoffelteig, im Salzwasser gegart, anschließend in zerlassener Butter und Semmelbröseln geschwenkt und mit Puderzucker bestreut serviert. Mit der reichen Konsistenz und erfrischenden Fruchtigkeit dieses Desserts harmonieren am besten weiße Dessertweine mit höherem Alkoholgehalt, die nicht zu kalt serviert werden sollten.

Ruster Ausbruch
Neusiedlersee-Hügelland (Österreich)

€ 3–5   ♟ 2–15 Jahre   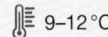 9–12 °C

Der berühmte Dessertwein mit intensiver Süße und pikanter Säure ist mit einer Beeren- oder Trockenbeerenauslese vergleichbar. Wählen Sie einen Ausbruch aus weißen Sorten.

Riesling Beerenauslese, *Nahe (Deutschland)*

€ 4–5   ♟ 3–15 Jahre   8–10 °C

Sauternes, *Bordeaux (Frankreich)*

€ 4–5   ♟ 3–15 Jahre   9–12 °C

Petite Arvine Grain Noble, *Wallis (Schweiz)*

€ 4–5   ♟ 3–15 Jahre   9–12 °C

Apfeltarte

Ein duftender, sehr flacher Apfelkuchen, besonders fein mit karamellisierter Oberfläche, dazu cremiges Vanilleeis – ein herrliches, bekömmliches Dessert. Die säuerlichen Äpfel bringen Frische, der Teig und das Eis geschmackliches Volumen und ausgleichende Süße. Edelsüße Rieslinge schmecken dazu am besten. Ist der Kuchen nur mäßig gesüßt, kann schon eine Spätlese ausreichen, sonst sollte es jedoch eine Auslese oder Beerenauslese sein.

Riesling Auslese
Rheinhessen (Deutschland)

 2–4   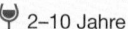 2–10 Jahre   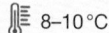 8–10 °C

 Riesling-Auslesen aus Rheinhessen oder der Pfalz sind meist recht üppig und eignen sich daher sehr gut als Dessertweine. Wer die Mosel dem Mittelrhein vorzieht, sollte zu Beerenauslesen greifen.

Riesling Beerenauslese, *Mosel (Deutschland)*
€ 4–5   ♀ 3–20 Jahre   🌡 8–10 °C

Rieslaner Auslese, *Franken (Deutschland)*
€ 3–4   ♀ 3–10 Jahre   🌡 8–10 °C

Vouvray moelleux, *Loire (Frankreich)*
€ 4–5   ♀ 3–20 Jahre   🌡 8–10 °C

Tipp Statt Äpfeln kann man problemlos Quitten oder Birnen verwenden. Zu Quittentarte passen Vouvray und edelsüße Grauburgunder besonders gut.

DESSERT UND WEIN

Früchte in Bierteig

Aromatische Früchte werden in Bierteig getaucht und im heißen Fett knusprig ausgebacken. Im schützenden Teigmantel bleibt ihr Geschmack wunderbar erhalten. Eine besonders delikate Frühlingsvariante sind in Bierteig gebackene Holunderblüten. Meist wird zu Früchten in Bierteig Vanilleeis serviert. Als Begleitung passt ein fruchtiger, junger Dessertwein mit geringem Alkoholgehalt. Holzbetonte Dessertweine, z. B. Sauternes, harmonieren weniger gut.

Moscato d'Asti
Piemont (Italien)

€ 2–3    1–2 Jahre   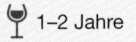 7–10 °C

 Muskattrauben- und Pfirsicharomen ergänzen die gebackenen Früchte perfekt. Die Schwere des Bierteigs wird von der erfrischenden Art des Moscato ausgeglichen.

Cadillac, *Bordeaux (Frankreich)*

€ 2–3   2–6 Jahre   9–11 °C

Weißburgunder Beerenauslese, *Neusiedlersee (Österreich)*

€ 2–4   2–10 Jahre   8–10 °C

Jurançon, *Südwestfrankreich (Frankreich)*

€ 3–5   2–10 Jahre   9–11 °C

Crêpes

Die hauchdünnen Pfannkuchen aus der Normandie gibt es in ungezählten Varianten, von der einfachsten, mit Zucker bestreuten Art bis hin zu flambierten Crêpes Suzette mit Orangensauce. Die Weinauswahl richtet sich vor allem nach der Füllung der Crêpes. Zu Crêpes Suzette schmecken ältere Sauternes sehr gut, zu anderen Fruchtbeilagen meist jüngere, kräftige Dessertweine. Nussige und schokoladige Füllungen passen zu oxidativen Weinen.

Sauternes
Bordeaux (Frankreich)

 4–5   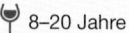 8–20 Jahre   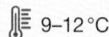 9–12 °C

 Die Orangennoten alter Sauternes passen zu Crêpes Suzette. Port und Vin de Paille harmonieren mit nussigen und schokoladigen (nur Port) Füllungen, Riesling Auslese schmeckt zu Fruchtkompott.

Riesling Auslese, *Rheingau (Deutschland)*

€ 2–4   ♀ 3–10 Jahre    8–10 °C

Vin de Paille, *Jura (Frankreich)*

€ 4–5   ♀ 4–10 Jahre   🌡 9–12 °C

Tawny Port, *Douro (Portugal)*

€ 3–5   ♀ 5–10 Jahre   🌡 12–14 °C

Register nach Weinen

A

Aglianico
Tomaten 12

Amarone della Valpolicella
Bleu d'Auvergne 129
Fourme d'Ambert 129
Gorgonzola 129
Schokolade 141

Anjou blanc
Fleischsuppe, Consommé 46
Gebratenes Süßwasserfischfilet 53
Mezze 31
Wok-Schweinefleisch mit Senfkohl 88

Auxerrois trocken
Pasta mit Nusssauce 120
Tafelspitz 93

B

Bandol rosé
Meeresfisch im Ofen gegart 59
Salat mit gebratenen Fischfilets 41

Bandol rouge
Fischsuppe, Bouillabaisse 47

Banyuls
Mousse au chocolat 136
Schokolade 140

Barbera d'Alba
Spaghetti bolognese 99

Barbera d'Asti
Ossobuco 90

Barolo
Hirschrückensteak 105

Barsac
Roquefort 130

Beaujolais
Gemüsequiche 118

Beaujolais blanc
Geräuchertes Süßwasserfischfilet 54

Beaune
Brathähnchen 72

Bergerac
Gebratener Tofu 112

Blauburgunder
Gebratener Rehrücken 104
Gebratener Wildfasan 76

Blaufränkisch trocken
Lammrücken rosa gebraten 100
Leber gebraten 108
Rindersteak 91

Bordeaux Clairet
Blatt- und Kräutersalat 36

Bordeaux rosé
Gazpacho 48

Bourgogne Aligoté
Aperitif 26

Bourgogne Chardonnay
Geschmortes Kaninchen 103
Risotto mit Steinpilzen 123

Bourgogne Pinot Noir
Coq au vin 81

Brachetto d'Acqui
Rote Grütze 139

C

Cabernet franc
Gazpacho 48

Cabernet Sauvignon, Navarra
Gazpacho 48

Cabernet Sauvignon, Slowenien
Gebratene Leber 108

Cabernet Sauvignon, Südafrika
Gebratene Polenta 114
Hamburger 78

REGISTER NACH WEINEN

Cabernet-Shiraz
 Chili con carne 98
Cabernet-Syrah, Libanon
 Couscous mit Lamm 102
Cabernet Vin de Pays d'Oc
 Gefülltes Gemüse 115
Cadillac
 Früchte in Bierteig 144
 Geflügelleberterrine 28 (Tipp)
Cahors
 Gänse- und Entenbraten 74
Cannonau di Sardegna
 Manchego 131
 Pecorino Sardo 131
 Tomme de Brebis 131
Carignan, Tunesien
 Couscous mit Lamm 102
Carignano del Sulcis
 Gulasch 92
Carmenère
 Gänse- und Entenbraten 74
Castel del Monte
 Gegrillte Fischsteaks 56
Cava
 Aperitif 27
 Party und Gartenfest 60
Cerasuolo di Vittoria
 Tomaten 12
Chablis
 Austern 20
Chablis Premier cru
 Gedünsteter Fisch in Weinsauce 55
Champagne Blanc de Blancs
 Austern 20
 Gedünsteter Fisch in Weinsauce 56
Champagne brut
 Brie 126
 Brillat-Savarin 126
 Chaource 126
Champagne extra brut
 Aperitif 27
Chardonnay
 Artischocken 11
 Backhendl 73
 Coq au vin jaune 81
 Fastfood 79
 Fontina 128
 Garnelen vom Grill 65
 Klare Gemüsesuppe 44
 Morbier 128
 Paella de marisco 66
 Party und Gartenfest 61
 Pasta mit Nusssauce 120
 Spinat 11
 Tomme de Savoie 128
 Trappistenkäse 128
Chardonnay, Übersee
 Fleischpastete 25
 Gekochter Hummer 64
 Linsensalat 38
 Tandoori-Huhn 83
 Wok-Schweinefleisch mit Senfkohl 88
Chardonnay trocken, Deutschland
 Brathähnchen 72
 Brie 126
 Brillat-Savarin 126
 Chaource 126
 Gebratener Tofu 112
 Geflügelragout 80
 Tintenfischrisotto 67
Chassagne-Montrachet
 Gebratener Meeresfisch 58
Chasselas
 Vacherin Mont d'Or 127
Chenin blanc, Südafrika
 Fleischcarpaccio 24
Chianti Classico
 Rindersteak 91
 Spaghetti bolognese 99
 Tomaten 12
Chianti Colli Senesi
 Kalbsnieren in Rotwein 109

Chinon
  Getreidebratlinge 113
Cidre
  Livarot 127
  Maroilles 127
Collioure
  Chili con carne 98
Condrieu
  Wok-Schweinefleisch mit Senfkohl 88
Coteaux du Languedoc
  Roquefort 130
Coteaux du Languedoc blanc
  Linsensalat 38
  Salat mit gebratenen Fischfilets 41
Coteaux du Layon
  Crème caramel 134
Côtes du Jura
  Vacherin Mont d'Or 127
Côtes du Roussillon
  Spaghetti mit Öl und Knoblauch 121
Crémant
  Party und Gartenfest 60

D/E

Dôle
  Gebratener Rehrücken 104
Dornfelder trocken
  Party und Gartenfest 61
  Rinderbraten 94
Douro
  Gebratene Entenbrust 75
Douro branco
  Meeresfisch im Ofen gegart 59
Entre-Deux-Mers
  Muscheln im Sud 62

F

Fendant
  Allgäuer Bergkäse 128
  Appenzeller 128
  Beaufort 128
  Comté 128
  Emmentaler 128
  Greyerzer/Gruyère 128
  Tête de Moine 128
Fiano di Avellino
  Artischocken 11
  Geschmortes Kaninchen 103
  Tomate mit Mozzarella 29
Fiefs Vendéens Brem blanc
  Gebratener Meeresfisch 58
Fino Sherry
  Tapas 30
Fitou
  Fischsuppe, Bouillabaisse 47
Fleurie
  Fleischpastete 25
  Reblochon 127
  Taleggio 127
Franciacorta bianco
  Risotto mit Steinpilzen 123
Friulano
  Bacalao 57
  Spaghetti vongole 68
Fronsac
  Livarot 127
  Maroilles 127
  Rinderrouladen 95
Frühburgunder trocken
  Schweinebraten 87

G

Gaillac
  Rinderrouladen 95
Gamay, Loire
  Gemüselasagne 122
Gattinara
  Rinderrouladen 95
Gavi di Gavi
  Aperitif 26
Gemischter Satz
  Tafelspitz 93

REGISTER NACH WEINEN

Gewurztraminer
  Munster 126
  Tandoori-Huhn 83
Gewürztraminer trocken
  Fleischpastete 25
  Gebratener Wildfasan 76
  Geflügelleberterrine 28
Gewürztraminer Vendange tardive
  Zabaione/Weinschaum 138
Grauburgunder Auslese/ Beerenauslese
  Quittentarte 143 (Tipp)
Grauburgunder trocken
  Artischocken 11
  Blatt- und Kräutersalat 36
  Fastfood 79
  Gebratenes Süßwasserfischfilet 53
  Geflügelragout 80
  Geschmorter Chicorée 19
  Geschmortes Kaninchen 103
  Grana Padano 129
  Kartoffelsalat 37
  Parmigiano-Reggiano/ Parmesan 129
  Pasta mit Nusssauce 120
  Pilze in Sahnesauce 117
  Risotto mit Steinpilzen 123
  Spinat 11
  Wiener Schnitzel 89
  Wildschweinkeule 106
Grauburgunder trocken Barrique
  Fontina 128
  Morbier 128
  Tomme de Savoie 128
  Trappistenkäse 128
Grenache
  Schokolade 141
Grés de Montpellier
  Wildschweinkeule 106
Grüner Veltliner
  Mezze 31
  Wiener Schnitzel 89
Grüner Veltliner DAC
  Backhendl 73
Grüner Veltliner Smaragd
  Gekochter Hummer 64
  Wok-Schweinefleisch mit Senfkohl 88
Grüner Veltliner trocken
  Salat mit gebratenen Fischfilets 41
  Süßwasserfisch blau 52
  Tafelspitz 93
Gutedel trocken
  Gebratene Wachtel 77
  Gebratenes Süßwasserfischfilet 53

H/J/K
Heida/Païen
  Fischsuppe, Bouillabaisse 47
Jurançon moelleux
  Früchte in Bierteig 144
  Panna cotta 135
Kékfrankos
  Gebratene Leber 108
  Gulasch 92

L
La Clape
  Gegrillte Fischsteaks 56
Lagrein
  Kalbsnieren in Rotwein 109
Lambrusco
  Tandoori-Huhn 83
Lemberger trocken
  Gebratene Leber 108
  Rinderbraten 94
  Rindergulasch 67
Les Baux-de-Provence rosé
  Fischsuppe, Bouillabaisse 47
Les Baux-de-Provence rouge
  Banon 131

Lammrücken rosa gebraten 100
Loureiro
Bacalao 57
Lugana
Aperitif 26

M
Mâcon blanc
Gebratenes Schweinekotelett 86
Mâcon rouge
Banon 131
Mâcon-Villages
Brathähnchen 72
Madeira Bual
Crème caramel 134
Madeira Malvasia
Mousse au chocolat 136
Schokolade 140
Madeira Sercial
Fleischsuppe, Consommé 46
Madiran
Gänse- und Entenbraten 74
Malbec
Fastfood 79
Gänse- und Entenbraten 74
Grillsaucen 97
Gulasch 92
Maranges
Gebratene Entenbrust 75
Maremma rosso
Gebratener Tofu 112
Marsala
Tiramisù 137
Maury
Schokolade 140
Stilton 130
Tiramisù 137
Médoc Cru bourgeois
Camembert 126
Gouda alt 128
Mimolette 128
Rindersteak 91

Merlot, Navarra
Getreidebratlinge 113
Merlot, Übersee
Fastfood 79
Ossobuco 90
Party und Gartenfest 61
Wildragout 107
Monbazillac
Aperitif 26
Geflügelleberterrine 28 (Tipp)
Monica di Sardegna
Wildschweinkeule 106
Montagny
Gebratener Meeresfisch 58
Montepulciano d'Abruzzo
Gemüsequiche 118
Ossobuco 90
Montlouis
Spaghetti vongole 68
Montpeyroux
Geschmortes Kaninchen 103
Morellino di Scansano
Pizza Margherita 119
Morgon
Camembert 126
Morillon
Backhendl 73
Moscato d'Asti
Früchte in Bierteig 144
Panna cotta 135
Müller-Thurgau, Südtirol
Spaghetti vongole 68
Müller-Thurgau trocken, Deutschland
Gemüsequiche 118
Geschmorter Chicorée 19
Spargel 116
Süßwasserfisch blau 52
Muscadet
Austern 20
Muscheln im Sud 62

REGISTER NACH WEINEN

Muscat d'Alsace Vendange tardive
Zabaione/Weinschaum 138
Muscat de Beaumes-de-Venise
Aperitif 26
Tiramisù 137
Muscat de Rivesaltes
Zabaione/Weinschaum 138
Muscat sec
Gebratener Wildfasan 76
Muskateller Kabinett
Graved Lachs mit Honig-Senf-Sauce 22
Thai-Kokossuppe 49
Muskateller Spätlese
Panna cotta 135
Muskateller trocken
Aperitif 26
Meeresfisch im Ofen gegart 59
Muskattrollinger
Rote Grütze 139

N

Nebbiolo
Grana Padano 129
Parmigiano-Reggiano/Parmesan 129
Nemea
Gegrillte Fischsteaks 56
Nero d'Avola
Tomaten 12
Nielluccio
Geschmorte Lammkeule 101

P

Passito di Pantelleria
Tiramisù 137
Patrimonio
Brebis Corse 131
Brin d'Amour 131
Fleur de Maquis 131
Petite Arvine
Garnelencocktail 23
Gebratene Polenta 114
Hummercocktail 23
Petite Arvine Grain Noble
Marillenknödel 142
Picolit
Panna cotta 135
Picpoul de Pinet
Austern 20
Pinot bianco
Gemüselasagne 122
Geschmorter Chicorée 19
Risotto mit Steinpilzen 123
Pinot grigio
Tintenfischrisotto 67
Pinot Grigio Collio
Gebratene Polenta 114
Pinot gris
Geflügelleberterrine 28
Pinot Gris Sélection de Grains Nobles
Crème caramel 134
Pinot noir, Oregon
Coq au vin 81
Kalbsnieren in Rotwein 109
Pinotage
Fastfood 79
Gebratene Entenbrust 75
Linsensalat 38
Wildschweinkeule 106
Port, rot
Schokolade 140
Port, weiß
Aperitif 26
Pouilly-Fumé
Garnelen vom Grill 65
Gedünsteter Fisch in Weinsauce 55
Pouilly-Vinzelles
Gedünsteter Fisch in Weinsauce 55
Primitivo
Couscous mit Lamm 102
Tomaten 12

Primitivo di Manduria
 Fastfood 79
 Pizza Margherita 119
Priorat
 Gebratene Entenbrust 75
 Manchego 131
 Pecorino Sardo 131
 Tomme de Brebis 131
 Wildragout 107
Prosecco
 Party und Gartenfest 60
Puligny-Montrachet
 Gekochter Hummer 64

R
Rapsani
 Gefülltes Gemüse 115
Rebula
 Meeresfrüchtesalat 40
Refosco dal peduncolo rosso
 Spaghetti mit Öl und Knoblauch 121
Rías Baixas
 Bacalao 57
 Muscheln im Sud 62
Ribeira Sacra
 Tapas 30
Ribeiro
 Geräucherter Süßwasserfisch 54
 Lammrücken rosa gebraten 100
Ribera del Duero
 Wildragout 107
Rieslaner Auslese
 Apfeltarte 143
Riesling Auslese
 Apfeltarte 143
 Crêpes 145
 Gebratener Rehrücken 104
Riesling Beerenauslese
 Apfeltarte 143
 Marillenknödel 142

Riesling feinherb
 Ceviche 33
 Sushi 69
Riesling Grand cru
 Geräucherter Süßwasserfisch 54
Riesling Großes Gewächs
 Gekochter Hummer 64
Riesling halbtrocken
 Aperitif 26
 Ceviche 33
 Frühlingsrollen 32
 Tandoori-Huhn 83
 Tofu süßsauer 112
Riesling Kabinett
 Ente süßsauer 82
 Graved Lachs mit Honig-Senf-Sauce 22
 Thai-Kokossuppe 49
 Thaisalat (Yum) 39
Riesling Kabinett halbtrocken
 Aperitif 26
 Tofu süßsauer 112
Riesling Smaragd
 Gebratenes Schweinekotelett 86
Riesling Spätlese
 Graved Lachs mit Honig-Senf-Sauce 22
 Thai-Kokossuppe 49
 Thaisalat (Yum) 39
Riesling Spätlese halbtrocken
 Ente süßsauer 82
Riesling trocken, Deutschland
 Backhendl 73
 Crottin 130
 Fischcarpaccio 21
 Flusskrebse im Sud 63
 Garnelencocktail 23
 Geräucherter Süßwasserfisch 54
 Kartoffelsalat 37
 Party und Gartenfest 61
 Saint-Maure 130

REGISTER NACH WEINEN

Saint-Pierre 130
Salat mit gebratenen
   Fischfilets 41
Süßwasserfisch blau 52
Wiener Schnitzel 89
**Riesling trocken,
Kremstal**
Fischcarpaccio 21
Riesling × Sylvaner
Klare Gemüsesuppe 44
Rioja
Getreidebratlinge 113
Rioja blanco
Bacalao 57
Rioja Crianza
Rinderrouladen 95
Rioja Reserva
Wildschweinkeule 106
Roero Arneis
Mezze 31
Tintenfischrisotto 67
Roero rosso
Spaghetti mit Öl und
   Knoblauch 121
Rosé d'Anjou
Ente süßsauer 82
Graved Lachs mit Honig-
   Senf-Sauce 22
Thaisalat (Yum) 39
Rosenmuskateller
Rote Grütze 139
Rosso Conero
Pizza Margherita 119
Rosso Piceno
Spaghetti bolognese 99
Rotgipfler trocken
Pasta mit Nusssauce
   120
Roussette de Savoie
Reblochon 127
Süßwasserfisch blau 52
Taleggio 127
Rueda
Eingelegtes Gemüse,
   Escalivada 18
Garnelen vom Grill 65
Tapas 30

Rully
Cantal 129
Cheddar 129
Cheshire 129
Gebratener Meeresfisch
   58
Pilze in Sahnesauce
   117
Salers 129
Ruster Ausbruch
Marillenknödel 142

S

Saint-Chinian
Gefülltes Gemüse 115
Saint-Emilion Grand cru
Fleischpastete 25
Hirschrückensteak 105
Saint-Joseph
Geschmorte Lammkeule
   101
Salento bianco
Spaghetti mit Öl und
   Knoblauch 121
Salice Salentino
Geschmorte Lammkeule
   101
Samtrot trocken
Gebratenes Schweine-
   kotelett 86
Schweinebraten 87
Sancerre
Crottin 130
Fischcarpaccio 21
Flusskrebse im Sud
   63
Saint-Maure 130
Saint-Pierre 130
Santorini
Meeresfrüchtesalat 40
Saumur blanc
Gedünsteter Fisch in
   Weinsauce 55
Sushi 69
Saumur-Champigny
Fleischcarpaccio 24
Rindersteak 91

Sauternes
  Aperitif 25
  Crêpes 145
  Geflügelleberterrine 28
  Marillenknödel 142
Sauvignon blanc
  Eingelegtes Gemüse, Escalivada 18
  Flusskrebse im Sud 63
  Garnelencocktail 23
  Gefülltes Gemüse 115
  Gemüsecremesuppe 45
  Gemüsequiche 118
  Klare Gemüsesuppe 44
  Party und Gartenfest 61
  Spargel 116
Sauvignon blanc, Übersee
  Fastfood 79
  Frühlingsrollen 32
  Garnelen vom Grill 65
  Garnelencocktail 23
  Hummercocktail 23
  Tomate mit Mozzarella 29
Savagnin
  Allgäuer Bergkäse 128
  Appenzeller 128
  Beaufort 128
  Cantal 129
  Cheddar 129
  Cheshire 129
  Comté 128
  Coq au vin jaune 81
  Emmentaler 128
  Fleischsuppe, Consommé 46
  Greyerzer/Gruyère 128
  Paella de marisco 66
  Pilze in Sahnesauce 117
  Salers 129
  Tête de Moine 128
Scheurebe Auslese
  Rote Grütze 139
  Zabaione/Weinschaum 138
Scheurebe halbtrocken
  Ceviche 33
Scheurebe Spätlese
  Ente süßsauer 82
  Panna cotta 135
Scheurebe trocken
  Frühlingsrollen 32
  Gebratener Tofu 112
Schwarzriesling trocken
  Gebratene Wachtel 77
  Schweinebraten 87
Sekt
  Aperitif 27
  Party und Gartenfest 60
Sercial
  Gouda alt 128
  Mimolette 128
Sherry Amontillado
  Fleischsuppe, Consommé 46
Sherry Fino
  Aperitif 26
  Tapas 30
Sherry Manzanilla
  Aperitif 26
  Paella de marisco 66
Sherry Pedro Ximénez
  Mousse au chocolat 136
  Schokolade 140
Shiraz, Australien
  Fastfood 79
  Grillsaucen 97
  Wildragout 107
Shiraz, Südafrika
  Grillsaucen 97
  Gulasch 92
Sicilia Bianco IGT
  Meeresfrüchtesalat 40
Sicilia Rosso IGT
  Pizza Margherita 119
Silvaner Spätlese trocken
  Spinat 11
Silvaner trocken
  Aperitif 26
  Gebratene Wachtel 77
  Gebratener Meeresfisch 58

REGISTER NACH WEINEN

Gebratenes Süßwasserfischfilet 53
Geflügelragout 80
Gemüselasagne 122
Geschmorter Chicorée 19
Kartoffelsalat 37
Klare Gemüsesuppe 44
Spargel 116
Tafelspitz 93

Soave Classico Superiore
Meeresfisch im Ofen gegart 59
Spaghetti vongole 68
Spinat 11

Spätburgunder trocken
Brathähnchen 72
Gebratener Rehrücken 104
Gebratener Wildfasan 76
Hirschrückensteak 105
Schweinebraten 87

Spätburgunder rosé trocken
Blatt- und Kräutersalat 36

Spumante
Party und Gartenfest 61

St. Laurent
Rinderbraten 94

Syrah
Fastfood 79
Getreidebratlinge 113
Party und Gartenfest 61
Schokolade 141

T/U

Tawny Port
Bleu d'Auvergne 129
Crêpes 145
Fourme d'Ambert 129
Gorgonzola 129

Tempranillo, Mexiko
Chili con carne 98

Teroldego Rotaliano
Gebratene Polenta 114
Spaghetti bolognese 99

Terrasses du Larzac
Lammrücken rosa gebraten 100

Traminer, Steiermark
Geflügelleberterrine 28

Traminer Spätlese, Deutschland
Munster 126

Traminer trocken, Deutschland
Gemüsecremesuppe 45

Trollinger trocken
Kartoffelsalat 37
Schwäbische Maultaschen 6

Utiel-Requena
Gegrillte Fischsteaks 56
Geschmorte Lammkeule 101

V

Vacqueyras
Brebis Corse 131
Brin d'Amour 131
Fleur de Maquis 131

Valpolicella Classico Superiore
Kalbsnieren in Rotwein 109

Verdicchio dei Castelli di Jesi
Sushi 69

Vermentino, Korsika
Tomate mit Mozzarella 29

Vermentino di Sardegna
Fischcarpaccio 21
Meeresfrüchtesalat 40
Tintenfischrisotto 67

Vernaccia di San Gimignano
Fleischcarpaccio 24

Vin de paille
Crème caramel 134
Crêpes 145

Vin de Pays des Côtes Catalanes
Gebratener Meeresfisch 58

Vinho Verde
  Muscheln im Sud 62
Vintage Port
  Mousse au chocolat 136
  Stilton 130
Viognier
  Frühlingsrollen 32
  Gemüsecremesuppe 45
  Mezze 31
Vosne-Romanée
  Gebratener Rehrücken 104
Vouvray demi-sec
  Ceviche 33
  Thaisalat (Yum) 39
Vouvray moelleux
  Apfeltarte 143
  Quittentarte 143 (Tipp)
Vouvray sec-tendre
  Sushi 69

W
Weißburgunder Beerenauslese
  Früchte in Bierteig 144
Weißburgunder trocken
  Backhendl 73
  Blatt- und Kräutersalat 36
  Eingelegtes Gemüse, Escalivada 18
  Gebratene Wachtel 77
  Gebratenes Schweinekotelett 86
  Gedünsteter Fisch in Weinsauce 55
  Geflügelragout 80
  Gemüsecremesuppe 45
  Gemüselasagne 122
  Paella de marisco 66
  Pilze in Sahnesauce 117
  Spargel 116
  Spinat 11
  Tomate mit Mozzarella 29
  Wiener Schnitzel 89

X/Z
Xarel.lo
  Tapas 30
Zierfandler halbtrocken
  Thai-Kokossuppe 49
Zinfandel
  Chili con carne 98
  Couscous mit Lamm 102
  Fastfood 79
  Grillsaucen 97
  Schokolade 141
Zweigelt
  Ossobuco 90
  Rinderbraten 94

Register nach Gerichten

A
Aal 52
Allgäuer Bergkäse 128
Ami du Chambertin 6
Aperitif 26
Apfeltarte 143
Artischocken 11
Austern 20

B
Bacalao 57
Backhendl 73
Banon 131
Beaufort 128
Bierteig, Früchte in 144
Blatt- und Kräutersalat 36
Bleu d'Auvergne 129
Bouillabaisse 47

REGISTER NACH GERICHTEN

Brathähnchen 72
Brebis Corse 131
Brie 126
Brillat-Savarin 126
Brin d'Amour 131

C
Camembert 126
Carpaccio 21, 24
Ceviche 33
Chaource 126
Cheddar 129
Cheshire 129
Chicorée, geschmorter 19
Chili con carne 98
Comté 128
Consommé 46
Coq au vin 81
Couscous mit Lamm 102
Crème caramel 134
Crêpes/Crêpes Suzette 145
Crottin 130

E
Eingelegtes Gemüse 18
Eis 12
Emmentaler 128
Ente süßsauer 82
Entenbraten 74
Entenbrust, gebratene 75
Epoisses 6
Erbsencreme 45
Escalivada 18
Essig 11, 36
Essig-Öl-Dressing 36

F
Fasan, gebratener 76
Fastfood 78
Felche 21 (Info), 52
Fisch blau 52
Fisch gedünstet in Weinsauce 55
Fischcarpaccio 21
Fischsteaks, gegrillte 56
Fischsuppe 47
Fleischcarpaccio 24

Fleischpastete 25
Fleischsuppe 46
Fleur de Maquis 131
Flusskrebse im Sud 62
Fontina 128
Forelle 21 (Info)
Forelle blau 9, 52
Fourme d'Ambert 129
Früchte in Bierteig 144
Frühlingsrollen 32

G
Gambas 65
Gänse- und Entenbraten 74
Garnelen vom Grill 65
Garnelencocktail 23
Gazpacho 48
Gebratene Entenbrust 75
Gebratene Leber 108
Gebratene Polenta 114
Gebratene Wachtel 77
Gebratener Lammrücken 100
Gebratener Meeresfisch 58
Gebratener Rehrücken 104
Gebratener Tofu 112
Gebratener Wildfasan 76
Gebratenes Schweinekotelett 86
Gebratenes Süßwasserfischfilet 53
Gedünsteter Fisch in Weinsauce 55
Geflügelleberterrine 28
Geflügelragout 80
Gefülltes Gemüse 115
Gegrillte Fischsteaks 56
Gekochter Hummer 64
Gemüse, eingelegtes 18
Gemüse, gefülltes 115
Gemüsecremesuppe 45
Gemüselasagne 122
Gemüsequiche 118
Gemüsesuppe, klare 44
Geräucherter Süßwasserfisch 54
Geschmorte Lammkeule 101

Geschmorter Chicorée 19
Geschmortes Kaninchen 103
Getreidebratlinge 113
Gorgonzola 129
Gouda alt 128
Grana Padano 129
Graved Lachs mit Honig-Senf-Sauce 22
Greyerzer/Gruyère 128
Gulasch 92

H
Heilbutt 55
Hering 41 (Info)
Hirschrückensteak 105
Holunderblüten 144
Honig-Senf-Sauce, Graved Lachs mit 22
Hühnercurry 10
Hummer, gekochter 64
Hummercocktail 23

K
Kabeljau 55
Kalbsnieren in Rotwein 109
Kaninchen, geschmortes 103
Karpfen 52
Kartoffelsalat 37
Kartoffelsuppe 45
Klare Gemüsesuppe 44
Kokossuppe 49
Kräutersalat 36
Kürbissuppe 45

L
Lachs 21, 41
Lamm mit Couscous 102
Lammkeule, geschmorte 101
Lammrücken rosa gebraten 100
Lasagne mit Gemüse 122
Leber, gebratene 108
Linsensalat 38
Livarot 127

M
Manchego 131
Marillenknödel 142
Maroilles 127
Maultaschen 6
Meeresfisch, gebratener 58
Meeresfisch im Ofen gegart 59
Meeresfrüchterisotto 67
Meeresfrüchtesalat 40
Mezze 31
Mimolette 128
Morbier 128
Mousse au chocolat 136
Munster 126
Muscheln im Sud 62

N/O
Nieren in Rotwein 109
Nusssauce, Pasta mit 120
Obst 12
Ochsenbrust 93
Ossobuco 90

P/Q
Paella de marisco 66
Panna cotta 135
Parmesan/Parmigiano Reggiano 129
Pasta mit Nusssauce 120
Pasta mit Tomaten 12
Pastete 25
Pecorino Sardo 131
Pilze in Sahnesauce 117
Pizza 11
Pizza Margherita 119
Pizza Napoli 119
Polenta, gebratene 114
Quittentarte 143 (Tipp)

R
Reblochon 127
Rehrücken, gebratener 104
Rettich 11
Rhabarber 12
Rinderbraten 94
Rinderrouladen 95

REGISTER NACH GERICHTEN

Rindersteak 91
Risotto mit Steinpilzen 123
Risotto mit Tintenfisch 67
Rollmops 41 (Info)
Roquefort 130
Rotbarbe 41
Rote Grütze 139
Rouille 47

S

Sabayon 138
Sahnesauce, Pilze in 117
Saibling 21 (Info), 52
Saint-Maure 130
Saint-Pierre 130
Salat, Blatt- und Kräuter- 36
Salat mit gebratenen
  Fischfilets 41
Salers 129
Sauce hollandaise,
  Spargel mit 116
Scampi 65
Schleie 52
Schokolade 136, 140
Schweinebraten 87
Schweinefleisch mit
  Senfkohl 88
Schweinekotelett,
  gebratenes 86
Schwertfisch 7, 56
Seezunge Müllerin 58
Spaghetti bolognese 99
Spaghetti mit Öl und
  Knoblauch 121
Spaghetti vongole 68
Spargel 116
Spargelcreme 45
Spinat 11
Steak, Rinder- 91
Steak Tartar 24
Steinbutt 55, 56, 58
Steinpilzrisotto 89
Stilton 130
Suppenfleisch 93
Sushi 69
Süßsauer, Ente 82
Süßwasserfisch blau 52
Süßwasserfisch,
  geräucherter 54
Süßwasserfischfilet,
  gebratenes 53

T

Tafelspitz 93
Taleggio 127
Tandoori-Huhn 83
Tapas 30
Tartar 24
Tellerfleisch 93
Terrine 28
Tête de Moine 128
Thai-Kokossuppe 49
Thaisalat (Yum) 39
Thunfisch 56
Tintenfisch 40
Tintenfischrisotto 67
Tiramisù 137
Tofu, gebratener 112
Tofu süßsauer 112
Tomate mit Mozzarella 29
Tomaten 11
Tomme de Brebis 131
Tomme de Savoie 128
Trappistenkäse 128

V/W

Vacherin Mont d'Or 127
Wachtel, gebratene 77
Weinsauce, gedünsteter
  Fisch in 55
Weinschaum 138
Wiener Schnitzel 89
Wildfasan, gebratener 76
Wildragout 107
Wildschweinkeule 106
Wolfsbarsch 58
Wok-Schweinefleisch mit
  Senfkohl 88

Z

Zabaione 138
Zander 53
Zitronensaft 11, 35,
  36 (Tipp)
Zwiebeln 11

Impressum

Copyright © 2012 GRÄFE UND UNZER VERLAG GmbH
Grillparzerstr. 12, 81675 München
HALLWAG ist ein Unternehmen der GRÄFE UND UNZER VERLAG GmbH, München, GANSKE VERLAGSGRUPPE.
www.hallwag.de

Projektleitung:
Anne-Sophie Zähringer
Lektorat: Eva Meyer
Korrektorat: Ulrike Wagner
Satz: Uhl+Massopust GmbH, Aalen
Herstellung: Markus Plötz
Innen- und Umschlaggestaltung:
independent Medien-Design, Horst Moser, München
Repro: Repro Ludwig, Zell a. See
Druck und Bindung: Stürtz GmbH, Würzburg

1. Auflage 2012
ISBN 978-3-8338-2633-7

Alle Rechte vorbehalten. Nachdruck, auch auszugsweise, sowie die Verbreitung durch Film, Funk, Fernsehen und Internet, durch fotomechanische Wiedergabe, Tonträger und Datenverarbeitungssysteme jeglicher Art nur mit schriftlicher Genehmigung des Verlages.

Liebe Leserin und lieber Leser,
wir freuen uns, dass Sie sich für ein HALLWAG-Buch entschieden haben. Mit Ihrem Kauf setzen Sie auf die Qualität, Kompetenz und Aktualität unserer Bücher. Dafür sagen wir Danke! Ihre Meinung ist uns wichtig, daher senden Sie uns bitte Ihre Anregungen, Kritik oder Lob zu unseren Büchern. Haben Sie Fragen oder benötigen Sie weiteren Rat zum Thema? Wir freuen uns auf Ihre Nachricht!

Wir sind für Sie da!
Montag – Donnerstag:
8.00 – 18.00 Uhr
Freitag:
8.00 – 16.00 Uhr

Tel.: 0180-5 00 50 54*
Fax: 0180-5 01 20 54*
*(0,14 €/Min. aus dem dt. Festnetz/Mobilfunkpreise max. 0,42 €/Min.)
E-Mail: leserservice@graefe-und-unzer.de

GRÄFE UND UNZER Verlag
Leserservice
Postfach 860313
81630 München

Ein Unternehmen der
GANSKE VERLAGSGRUPPE

Bildnachweis: S. 4, 16, 34, 42, 50, 70, 84, 110, 124, 132 Mark Vogel, nitrox21.de – photographie+design, Wiesbaden; S. 27 Corbis; S. 61 gettyimages/Thomas Barwick; S. 79 gettyimages/Foodie Photography; S. 97 StockFood/Walter Cimbal; S. 141 Matthias Hoffmann, Delmenhorst, und Frauke Koops – Produktion, Styling, Foodstyling, Geesthacht b. Hamburg